海不揚波

清代中國與亞洲海洋

布琮任 著

The Placid Ocean

Qing China and the Asian Seas

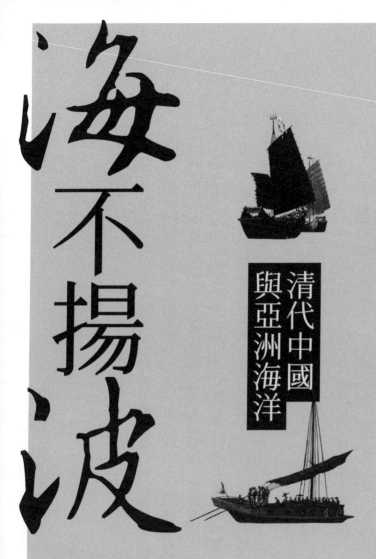

國內專家學者一致推薦

近年來隨著「新清史」的研究與討論，對於清代中國的觀察逐漸有了更豐富的面向。值此同時，作者由海洋史研究的角度，提出「海上新清史」的概念與思路，並探索相關的可能性。書中利用各類中西檔案文獻與圖像史料，由海洋的面向來重新理解清代中國與亞洲的各種互動，可以說深具學術關懷，同時也引領讀者們走入那一段波瀾壯闊的歷史進程，並思索人類文明與汪洋大海的共存意義。對於海洋史、清史有興趣的讀者朋友們，一定不要錯過本書。

——王一樵（東吳大學歷史學系助理教授）

近年來海洋史的研究頗受關注，但海洋史的專著並不容易撰寫，因為要兼顧與理解的面向甚多，有其困難度。本書是以十八世紀東亞海域為主軸的論題進行書寫，內容涵蓋海洋地理、船舶、軍事、生物、飲食和海洋文學。如欲了解當時期的海洋歷史文化，本書所提供的相關背景知識足以讓對海洋史有興趣者受益匪淺，是值得大家仔細研讀的好作品。

——李其霖（淡江大學歷史學系副教授）

相對於新清史之著重十七、八世紀清朝與內亞的關係，此書由海防思想、海船製造、海圖、海鮮、與海有關的詩寫出同時期由海洋出發的新清史。

——林滿紅（中央研究院近代史研究所研究員）

《海不揚波》一書展現了作者鑽研清代海洋史的觀察，而且提出了「海上新清史」的口號與美國新清史的研究傳統進行對話，說明清朝不僅僅是面向內亞的大陸帝國，同時也是關注著海洋動態的海上帝國。從清廷治理內海與外洋的制度史、為了修繕戰船而開展伐木事業的環境史以及清代中國北方海域的軍事化的軍事史等角度，再談到清人對海洋生物的博物學描寫、魚翅的消費史與海洋書寫的文化史，在在都展現了這個視角的龐大發展潛力。而書中的後記與延伸書目則為有意深入了解這一主題之讀者系統地提供許多進階讀物。相信對於清史、早期近代的海洋史與比較帝國史有興趣的讀者而言，本書會是一本絕好的敲門磚。

——蔡偉傑（深圳大學人文學院歷史系助理教授）

《海不揚波》將在略顯平靜的海洋史中掀起千層浪。

該書的「海上新清史」補足「內亞轉向」下清史將海洋視為邊陲的缺憾，認識海貿之外，大清如何在漫長海疆展現其帝國性。顛覆被鴉片戰爭失利所蒙蔽的清帝國海洋洪業、平衡中國海洋史重南輕北的現象；提出了人與海洋環境的多元層次互動。從臺灣樟木造船到渤海軍事化，從地圖繪製到海洋物種，從海產飲食到渡海詩文。布琮任將以優美文筆和學術素養從空間和主題，引領讀者徜徉大清海洋。

——盧正恒（國立陽明交通大學人文社會學系助理教授）

目次

推薦序一

順風相送、海不揚波

——序布琮任著《海不揚波：清代中國與亞洲海洋》

陳國棟
中央研究院歷史語言研究所研究員

西方航海家在海上望見浮出水面的陸塊時，都會用拉丁文把它們叫做「terra firma」，也就是穩定的土地。這也意味著船隻漂浮於海面，通常會搖晃擺盪，而在現代海洋科學、大氣科學建立、發展以前，大海更充滿了未知而且難以預測的因素，讓用海人的心七上八下。

於是想到航海就想到「海不揚波」的祈願。清朝時，皇帝派人冊封琉球國王，奉派者所乘坐的帆船前頭都會掛著一塊「免朝牌」。依照一般的說法，大海的主宰者是海龍王，而奉使者代表的是派遣他們的皇帝天子，比龍王高一級。奉使者的身分既然是「天使」，「天使」來到海上，龍王按規矩豈不是非來朝覲不可？但是龍王一來，豈不就要興風作浪？掛「免朝牌」的用意就是在告訴龍王說：雖然「天使」駕到，不過朝覲拜託就免了吧！「天使」船掛

「免朝牌」為的是要避免洪波巨浪，希望「海不揚波」。布琮任拿「海不揚波」當書名來講海洋史，自然也就十分貼切。

布琮任，光是他的姓氏就很有意思。看到有人姓布，一定會特別留意。我在留意到布琮任之前，先留意到布興有——十九世紀中葉有名的廣東海盜。[1] 布琮任當然不是海盜，他是海洋史的研究者，愈來愈有名。

布琮任在眼下的這本書中收錄了六篇文章：前三篇關係到國家的海洋防衛，後面三篇則述說常民與海洋的互動。他約我寫序，一方面是我們兩人見過面，另一方面則是書中的六項主題，我恰巧也都有所接觸——我也是一名海洋史工作者。本書所收的六篇文章分別是：

一、測繪海疆——十八世紀清代有關內海與外洋的論述
二、伐木造船——康雍年間在臺的戰艦修造與樟木採辦
三、建威消萌——清代東北的海洋軍事化
四、《海錯圖》——清代學人對海洋物種的想像與書寫
五、清風生兩翅，至味出雙鰭——魚翅的歷史
六、泛泛安平渡，端居渺滄海——盛清時代的海洋詩文

作為支撐以上六篇文章的背後思維，是所謂「海上新清史」。二〇一六年六月二十五日「新清史」主張的代表人物之一歐立德（Mark C. Elliott）到中研院史語所來演講，講題

是〈關於新清史的反省與回應〉。我在現場請教了他三個問題，其中一個就是「清代後期，海洋部分遠比內亞部分來得重要，但新清史著墨沒有太多，應該如何看待？」可惜他跳過這個問題。

在我看來，清朝皇帝（或者說清代的統治集團）的自我定位，在朝代中葉時開始發生重大的改變。在此之前，滿洲人在山海關之外建國、入關、綏服蒙古、新疆與西藏，視野不局限在漢地中國。君臨中國的滿洲皇帝同時是北亞遊牧民族的大汗，同時也被西藏人尊崇為文殊菩薩的化身。大清的制度一方面不隔絕境內不同民族的彼此交往，但也保障了各個民族的獨立發展。因此之故，新清史主張認識清朝的歷史，不應只關注以漢人為主的領域、只聚焦於以漢文為主的文獻，而應該把滿、蒙、藏的研究加進來，並且深入利用這些民族語言的文獻。這部分我個人完全同意。

不過，隨著時間下移，漢文化的支配性還是高出於其他，而漢人的經濟力量更是凌駕乎上。當大清的國家力量日漸消磨、民變愈來愈告頻繁以後，統治者愈來愈感受到集中力量的

1 陳鈺祥有一篇論文〈在洋之盜．十犯九廣——清咸同年間廣艇海盜布興有事蹟考〉，發表在《故宮學術季刊》，第二十四卷第二期（二〇〇六年冬季）；收入他的專書《海氛揚波：清代環東亞海域上的海盜》（廈門：廈門大學出版社，二〇一五）。

必要，而「西瓜倚大邊」，占有總人口絕對多數的漢人在政治上的影響力也跟著抬高。大清皇帝不再有那份心情扮演他作為大汗與活佛的角色，不得不變成傾全力倚賴同一套政策的統治者。十八、十九世紀之交以後，滿洲、蒙古與西藏的歷史仍然必須注意，可是文獻與觀點的「在地性」其實減弱了！

也就在十八世紀，特別是雍正五年（一七二七）恢復准許國民前往東南亞貿易之後，海洋世界對大清國家的重要性快速增加了。前此十年，也就是康熙五十六年（一七一七），皇帝下令不准臣民前往東南亞，理由是怕國人與海盜勾結。而就在幾個月前，他還說「海外如西洋等國，千百年後中國恐受其累。此朕逆料之言」。預料西方人會給中國帶來大麻煩。

儘管康熙皇帝確實洞見先機，但是欠缺務實的對策。不只中國，整個世界在那個時代都已經將眼光從內陸轉移到大海。雍正重開南洋貿易之後，並沒有開放海外移民，然而偷渡移居海外的人民卻日益增加；統治集團討厭海盜，但是從乾隆末年到嘉慶初年，東南沿海一帶蔡牽、朱濆、鄭一嫂與張保仔等一口氣肆虐十餘載，最後才勉強平息，只不過沿海的海盜終究沒有被徹底消滅。更慘的是原本被集中到廣州貿易的歐美商人，早已不滿意中國政府設下的綁手綁腳的規矩，結果走上以武力突破的地步。鴉片戰爭背後的推力不只是英國人想賣鴉片，而對大清國家的衝擊也不只是商業或經濟，更擴大到國防、文化與宗教等等各種層面。如果要給十八、九世紀之交以下百年的清史更新、更妥當的陳述，視角就不能只鎖定在中國的東北、北方與西北，更要帶進來整個海洋世界。「海上新清史」或者說清代的海洋史乃是認識後期清史的必行之道，而追本溯源也還是要回到十八世紀，乃至於更早。

布琮任了解：新清史處理的對象主要為十七、八世紀的中國，而非十九世紀；新清史把視角投向北亞和中亞，較少顧及海洋世界。新清史的主張者確實把握到盛清歷史的重點。不過，中國邊界臨海萬里，畢竟無法視而不見。早在關外之時，皇太極就已經注意到水戰的問題，[2]而入關之後的執政當局更得處理鄭成功家族的海上雄師，因此即便是康、雍、乾三帝在位，海洋也沒有脫離大清國家的視野。不拘是盛清還是晚清，鑽研海洋史都是了解清史的必要功課，無由漠視。

海洋史的內容，其實可以含括以下六個方面：⑴漁場與漁撈；⑵船舶與船運；⑶海上貿易與移民；⑷海岸管理、海岸防禦與海軍；⑸走私、海盜與外來入侵者；⑹海洋環境與生態（海洋的利用與關懷）。就一般所見，⑶與⑸的研究或著作遠比其他項目多很多。布琮任本書的前三篇文章則比這樣的涵蓋面來得較為廣闊。

至於本書的後三篇，一篇講《海錯圖》，一篇講魚翅，另一篇講清代文人橫渡臺灣海峽

2　可參考陳韋聿，《清人入關以前對海防壓力與水上軍事事務的肆應：能力、策略及其發展思維》，國立臺灣師範大學歷史系碩士論文，二〇一四。

時留下來的歌詠。這三篇可以說是講古人與海洋的互動，透過畫家、廚師與詩人的巧手，重現於常人眼前。人與海洋互動，一切發生的事實都成為海洋文化的內容。認識海洋生物為認識海洋的一端；食用魚翅是食用海鮮的一種內容。人類利用海洋就從採拾貝類、魚類開始，而開發海洋資源更是眼前人類積極參與的目標；利用海洋其實也要考慮到永續的問題。捕魚若捕到特定魚種無法正常繁殖，我們就稱之為「過魚」（over-fishing），會造成該魚種的滅絕。把鯊魚的魚翅割取下來，再把被傷害過的鯊魚扔回大海，不但會造成鯊魚的死亡，同時也有道德上的遺憾。為了阻止遺憾繼續、為了讓海洋的利用可以永續，我們應該保護海洋。其實，海洋不但提供給人類生活物資，它也可以讓人類親近欣賞、讓人類利用它來從事種種的休閒與娛樂活動。藝術家對海洋的認知、海洋的利用、海洋的保護與海洋的親近欣賞，透過音樂、繪畫、戲劇、文學……種種形式再現，更讓不在海邊或海上的人也能夠與海洋互動。布琮任雖然只講了繪畫、海鮮與海洋詩歌，其實已經把海洋文化的多重面貌作了有意義的剪影。海洋史，當然也要包括歷史上的海洋文化。

《海不揚波：清代中國與亞洲海洋》如同作者所言，並不完全拘泥於學術軌範，因此更適合抒發個人的想法。雖然說「海不揚波」是用海人的願望，那只是指不要有驚濤駭浪吧！畢竟「無風三尺浪」，潮起潮落，總是激起漣漪啊！不過，帆船行走還是要靠風力推動。最好是風向與船隻想要的行進方向一致，否則就有原地打轉或者倒退不前的窘迫，那就難以抵達目的地了！因此風帆時代中國航海家最喜歡的祝福語一則是「海不揚波」，另一則就是「順風相送」。「順風相送」與「海不揚波」就是用海人縈繞於懷的願望。現在我也拿來祝福走上海洋歷史與文化研究這條路的布琮任教授。

二〇二一年五月十三日
豔陽高照下的南港

推薦序二

海洋史研究的新風

劉序楓
中央研究院人文社會科學研究中心研究員

近年由於交通、資訊的發達，加上全球化風潮的影響，海洋史相關研究亦蓬勃發展，不僅是歐美，在亞洲各國均有共同的趨向。特別是中國大陸，隨著政府「一帶一路」建設之倡議和「二十一世紀海上絲綢之路」的推動，海洋史研究受到學界關注，成果豐碩。相較於他國，臺灣近年在出版業的推動下，亦興起一股海洋史的熱潮，惟相關出版多為歐美日的翻譯成果，或是以臺灣本土歷史為主的研究，間涉及海洋的元素，專著並不多見。布琮任這本小書，可說為中文學界的海洋史研究帶來了一股新風。

臺灣學界或許對作者感到陌生，布琮任出生於香港，香港浸會大學畢業後，赴德國留學，二〇一三年取得海德堡大學博士學位，現任教於倫敦政經學院。其博士論文經改寫後，以 *The Blue Frontier: Maritime Vision and Power in the Qing Empire* 為書名，於二〇一八年出版。主要討論十九世紀前清政府的海洋空間認識，海疆管理和沿海水師制度等，藉由重新檢視十八世紀清政府在海疆的治理，試圖平衡近年歐美「新清史」研究者所強調清朝在內亞的擴張印象，並證明清朝不是一個漠視海疆的陸權國家。相關論點已有不少書評介紹，本書《海不揚波：清代中國與亞洲海洋》除延續前書以國家為中心的海疆測繪、水師、造船等海疆管理的論述外，更擴及海洋物種、海洋詩文，從國家、官僚到文人、庶民，涉及博物學、物質文化、生態環境以及海洋觀、海洋文學等，反映出海洋史研究跨領域的多元樣貌。相較於前書的學術專業寫作方式，本書則類似讀書筆記，作者試圖以較平易的筆調，就不同主題，分別提出其個人觀點，並隨處注明史料出處，附上相關圖片，可說是本半通俗的學術書。

作者最大的目的，如在前言〈海上新清史的探索與可能〉所述，針對「新清史」研究者以內亞為中心強調十八世紀清王朝的多元性與帝國性，本書則以「內外模式」的區分管理邏輯，說明清王朝對海疆的管理與內陸邊境類似，應將清王朝理解為是個執意平衡中亞邊陲和海域疆界的大帝國較適當。確實是個有啟發性的觀點，也值得後續再深入探討。

為此，作者另提倡「海上新清史」構想，主要利用「新清史」的研究視野，試圖改變傳統的海洋史觀，除「海洋帝國性」和海疆及內陸並重的管理外，在傳統「南熱北冷」及以海洋貿易為主流研究框架外，應尋找其他更多元的議題，如跨海域的海洋世界物質文化史等，這本小書就是作者構想的體現。

事實上，類似的構想在臺灣學界已有不少議題反映在相關著作上，如沿海地圖的編繪與知識建構，或是水師與沿海防備體制、造船的研究；另外，將邊疆圖像、文本，如《職貢圖》、《番社采風圖》或是《鳥譜》、《獸譜》等置於清帝國邊疆認識的框架內和全球化交流的研究，都可與作者的研究相呼應。若再看「新清史」所忽略的海洋議題，清王朝的滿人官僚又是如何面對海洋的相關問題，在漢文文獻之外，滿文文獻或是地圖、圖像等也可再繼續探索。故宮博物院尚留有不少滿漢文註記的海洋地圖，另如康熙朝《御製清文鑑》內所出現的海洋物種詞彙等，都可為我們提供可深入探討的線索。

本書的第一部分，作者從官方視點，以測繪海疆、伐木造艦，和在渤海一帶的海洋軍事化三大議題，重新檢視十八世紀清政府在海疆的治理作為，還原十八世紀清王朝對海洋的關注和其帝國性，試圖跳脫十九世紀鴉片戰爭後，主流觀點認為清王朝漠視海疆的印象。即使如此，十九世紀以後的清王朝是否真的就漠視海疆，而導致之後無法抵禦一連串由海洋而來的侵攻？這可能是個值得深思的問題。十九世紀清朝的中衰是事實，不單是海上，在陸上的戰爭亦同。但在法令制度上，依舊承續前朝，並未顯現出漠視海疆的跡象。關鍵可能在於制度的運作和中央及地方官僚階層的腐敗，在執行面上已無法和國力強盛時的十八世紀相比。如對海洋船隻的管理，法令的規定與實際的執行情形往往有相當大的差異。清政府對出洋商民懷有相當大的戒心，唯恐與反清勢力或海盜，甚至與外國勾結，而危及清朝政權。因此，對出洋人員、造船等均採取嚴格的管制手段，然在各種官方檔案文書內，卻常見官員不法行為之記載，致使嚴厲的法條規範，亦空成具文。

水師的衰敗，也反映在沿海海盜活動的猖獗上，不只是一般商船，甚至政府的兵船亦遭海盜攻擊洗劫。在官方武力無法壓制的情況下，只有採取招撫並授官的策略，一八一〇年廣東沿海的海盜巨魁張保仔帶領近兩萬名手下向兩廣總督百齡投誠，最後被授為水師副將的事例，想必大家都很熟悉。百齡為此特別找畫師繪製長卷《靖海全圖》（現藏香港海事博物館），以彰顯其功績。另一知名例子，與本書作者同姓，為清末咸豐年間受清政府招撫的廣東海盜首領布興有，最後官至三品水師參將，清政府除利用其「以盜制盜」維持沿海治安外，另允許其在浙江洋面以保護商船名義收取護航費，儼然成為當時縱橫黑百兩道的海上軍事勢力。

相對於第一部分，第二部分以物質、商品、飲食文化及海洋觀、海洋詩文的主題，則令人興趣盎然。博物學、物質、醫療文化研究近年逐漸受到中文學界重視，將此議題帶入海洋史領域，更可彰顯海洋的跨域性。以《海錯圖》為素材的海洋物種考察，同時也涉及清代博物學和飲食、消費文化的發展。《海錯圖》並非官方主導編撰，聶璜以一己之力獨力完成此巨著，除了個人興趣，其背後反映的社會文化背景也不可忽視，圖中除對各海中生物的描述、考證外，亦不忘介紹食用料理的方法和養生的關聯。與西方博物學相較，在學理考證之餘，似乎又多了東方特有本草養生觀。重要的是更精細地繪製各物種的圖像，彌補了傳統文獻僅有文字敘述的不足。

對清代飲食消費文化的介紹，作者接著以「魚翅的歷史」為例，從古代文獻中追蹤探討魚翅在中國的食用與社會流行文化的關聯，也衍生出未來對海洋生態保護的課題。同樣地，清代由海外大量進口的海參、鮑魚、昆布等也都可從不同視角深入討論。另如臺灣海鮮中常見的「土魠」魚、「虱目」魚的名稱來源和食用方式研究，都牽涉到不同的跨域文化，題材的發掘有賴個人興趣及細心觀察，對中外文獻的掌握和田野考察都是不可或缺的。

海洋史研究的素材，不單是官方檔案文獻，亦可包含個人的詩文紀錄，如詩歌、散文、遊記、小說等，其中可反映出同時代的海洋文化發展，也是一種海洋認識的體現，這與當時海洋交通、貿易、漁業等的發達息息相關。作者近年將其研究興趣擴大到清代臺灣的海洋史，在本書最後的部分，特別以「渡海」、「觀海」詩文為主題，討論閩臺間的海上往來情況。一般歷史研究者較少會以詩文當作研究素材，主要是其中含有過多個人的主觀情感和抽象描述。作者以詩文配合歷史背景文獻的說明，令人感到生動有趣。

作為清朝新收入版圖的領土，一般官僚、文人對此「蠻荒之地」抱有什麼樣的觀感，特別是隨著官員、班兵定期的移動往來，在文獻中留有大量的渡海紀錄，保存了豐富的海洋素材。受檔案文書數位化資料庫發展之惠，上世紀整理出版的《臺灣文獻叢刊》（三〇九種）可輕鬆檢索，對研究者大有裨益。但除臺灣之外，其他地區是否就無類似海洋詩文，可能得費心收羅才可得知。清代對日貿易的要港杭州灣口的乍浦（屬浙江省嘉興市），即使在經歷鴉片戰爭毀滅性的破壞，文獻大半散佚後，仍能彙集出如《乍浦集詠》般的詩文集，收錄數百位作者的數千首作品，其他傳統的海貿大港就可想而知。

另外，清代歷任冊封琉球使節和隨員所留下的渡海詩文及異域見聞，都是研究清代海洋史的重要素材。隨著海上往來的頻繁，在海上遭風難而漂流異域的事例也大量增加。但目前除道光年間澎湖生員蔡廷蘭漂到越南返國後出版的《海南雜著》外，未見類似的漂流紀錄，這是個值得深思的問題。姑且不論歐美，與東亞的朝鮮、日本等國相比較，為何中國的「漂流記」特別少，這問題仍有待後續探討。

本書雖名為「清代中國與亞洲海洋」，對周邊地區的朝鮮、日本、琉球、東南亞，甚至滿洲沿岸地區的航海、貿易、移民和物質、商品流動、文化交流等，還有許多值得探討的議題，這應是作者下一部書的目標，也有待大家繼續開拓。歷史研究充滿許多未知的浪漫與傳奇，社會上喜歡聽故事的人多，希望未來有更多有志者能成為說故事、寫故事的人，並將這些史實化成故事流傳下去。

自序

十年之後，當我再重讀這篇序文，將會有什麼感覺呢？我們撰寫歷史，大多習慣回顧和憶述，但我總覺得，歷史和未來是一個相對的時空和概念，雖然我們不能夠任意去推移時間，但總可以嘗試以一個未知的視角去看歷史。烏托邦主義中提到的「無可有鄉」與「狂熱夢想」，大概就是源自這種思維和邏輯。

二〇三〇年，相信曾經肆虐全球的新冠肺炎已有藥可治，但它或許幾經變種，扎根成為一種風土病，與人類文明並肩共存。不過，這場風暴告訴我們，人類可是相當的脆弱和可憐。在福山先生（Francis Fukuyama）出版其《歷史之終結與最後一人》（*The End of History and the Last Man*）那一年，我曾經被他的結論說服，誤以為人類社會已沒有什麼進步的空間；同時也相信在科技發達、醫學昌明的大時代，再沒有什麼難題是解決不了的。但事實證明，在天災人禍面前，人類始終無計可施。如果我們不能認真反省現狀，嚴肅地根治疫情蔓延的原由，相信在不久的將來，我們會再次遭遇另一場疫病浩劫，再一次被隔離，再一次被身心囚禁。

二〇三〇年，我四十五歲了。相信我依舊會在海洋史的園地裡耕耘；但與此同時，我希望到那個時候，這部小書會被塵封在圖書館的某個角落。我深信海洋史研究會在這十年之間，經歷教人激賞的進步和變化；而我今天對清代中國與亞洲海洋的觀察，到二〇三〇年，或許會有新的解讀和看法。不過，我還有一個期許，但願十年後的秋天，我可以完成另一部與海洋史有關的著作，親身見證學術同儕們，在研究上的貢獻與成果。

十年之後，我希望對家人會少一點愧疚。自從離開香港後，我和親人見面的機會少之又少。我既不是一個稱職的兒子，亦不是一個好大哥，但我的父母和妹妹，卻從來沒有給予我任何壓力。如果沒有他們的包容與支持，我是沒有辦法在我嚮往的天空下任意翱翔的。希望自今年以後，我們會有多一點的時間相處，即便是靜靜地坐在沙發上看電視，吃糕點，也是一種值得珍重的交流。

在《海不揚波》出版的今天，我會多了一個丈夫的身分。我很感恩，能夠在倫敦遇到人生的另一半，找到安穩的依靠和避風港。我們的婚期原本訂在二〇二〇年，無奈疫情肆虐，只好往後推延一年。決定延後婚禮的一刹那，不禁有點可惜，但我相信十年之後，內子和我都會會心微笑的。

這部小書得以順利完成，我要特別感謝陳國棟和劉序楓兩位教授，在百忙之中，抽空修改文稿錯漏，且答應撰寫序文。我對清代海洋史的興趣，就是從他們的文章和專著開始。除此之外，我還要鳴謝兩位好朋友：剛彥和金倫。我是一個相信緣分的人。剛彥和我十年前在蘇格蘭認識，我們一見如故，話題不斷。雖然有一段時間大家各自忙碌，少了聯繫，但每次見面總是輕鬆自在，如沐春風。去年有機會造訪臺北，和剛彥提到出版中文書一直是我的小心願，他二話不說，便向金倫總編輯推薦我的研究，我之所以有機會認識金倫，剛彥厥功至偉。至於金倫，儘管我們認識的時間不長，但每次閒聊，都有一種很舒坦的感覺。或許我們之間有不少共同話題，大家對廣東歌和金庸小說同樣著迷；又或許是緣分使然，所以一拍即合，溝通流暢。如果沒有金倫的安排和鼓勵，《海不揚波》是不可能面世的。

但願我們可以盡快相聚臺北，舉杯邀月，說盡向來無限事，笑看夕陽千萬峰。

寫於英國阿克斯橋

前言

海上新清史的探索與可能

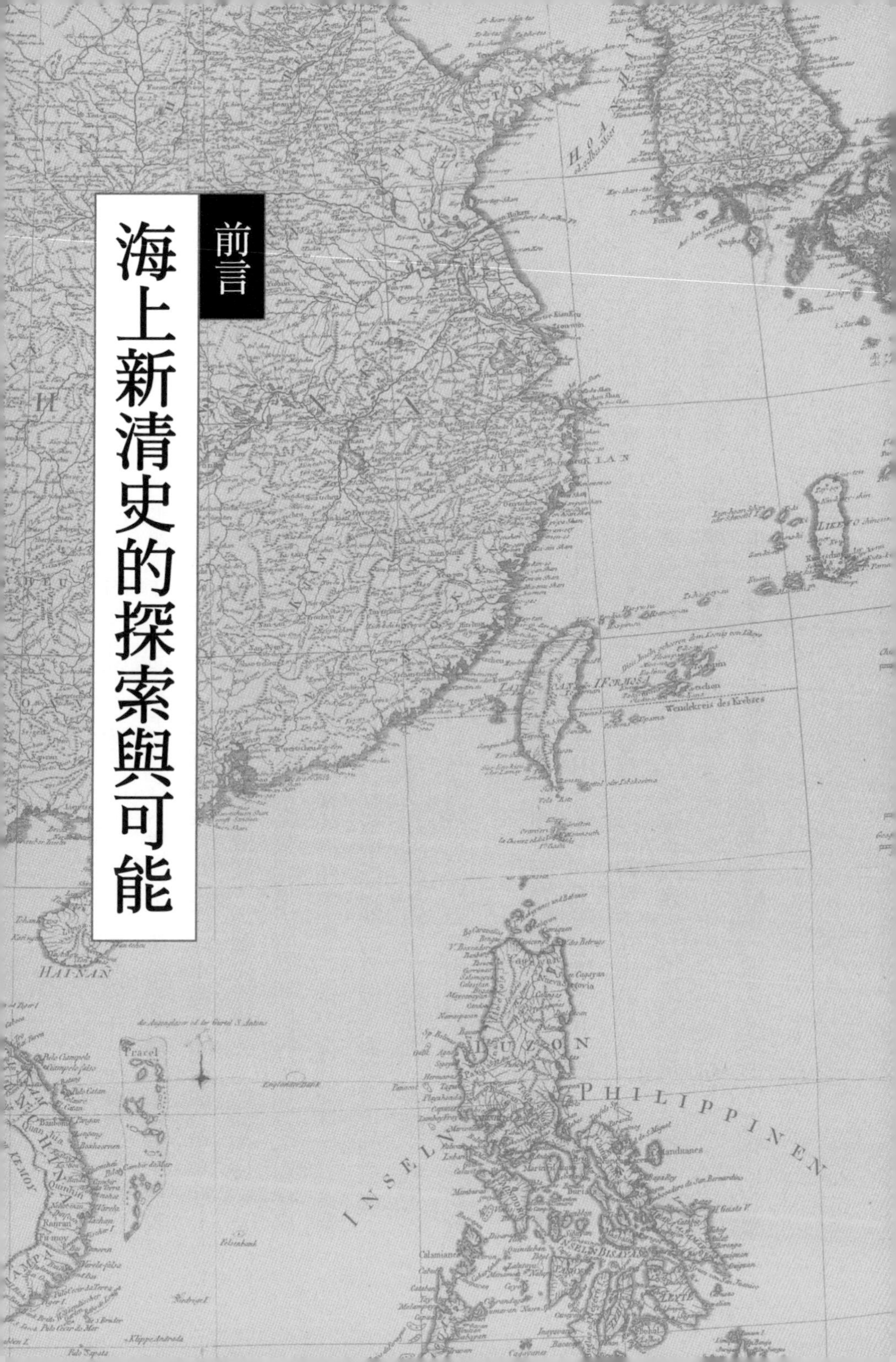

今天在海峽兩岸出版海洋史的專著是很有難度的。打從上世紀七〇年代，臺灣、廈門已經是研究海洋歷史的文化重鎮。在一群前輩學者的努力耕耘下，海洋史的輪廓和視野早被鞏固下來。要革故立新，另闢蹊徑，這可是一項充滿挑戰性的工作。不過，隨著西方學界在全球史研究方面的推陳出新，海洋史學家亦因而得到各種啟發，陸續探索研究上的新領域，為我們提供一系列極具思辨性的框架。二〇一八年，英國劍橋出版社便出版了題為《海洋歷史》（*Oceanic Histories*）的論文集，由三位海洋史權威擔任主編。[1]書中提到海洋史有需要重新定位，亦建議一些新的研究方向：當中包括人類與海洋生態的交錯，海底考古的發現，信仰與海洋的結合，以至一系列海洋活動（諸如游泳、捕魚、海遊）與性別、服飾、藝術、科技，甚至寵物之間的文化歷史。[2]這些視角無疑擴闊了海洋史的固有視界，為未來的研究提供不少方向和啟示。

儘管新的研究風潮逐漸成形，及至目前為止，由西方主導的新路線，對華語學界的影響還是相對有限。觀乎近年來在兩岸三地出版的海洋史著作，主調依舊停留在原有的藩籬，議題大多圍繞海貿經商，海戰關防，航海述奇等論述。可幸的是，在主調以外，也不乏一些專著，嘗試觸及海洋史界的新轉向，利用新的視角，探尋舊課題。[3]不過就比例上而言，傳統論述依然占據大多數。相對歐美學界，更是略嫌失色。

當然，我們並不一定要事事仿效歐美，跟從他們的研究路線。畢竟華語史學也有它的歷史傳統；盲目追從，反而會適得其反。加上歐美的海洋史研究，大多聚焦地中海、大西洋、太平洋、印度洋等歐亞海域。由於地域空間上的差異，歷史事件的背景、因果自然有所不同。比方說奴隸解放（anti-salary and emancipation）的歷史，就是大西洋學派的一個獨有論題；[4]又如紅海地區所特有的宗教色彩，亦屬印度洋、中亞地區的海洋特色，難以輕易和其他海域作出比較。[5]如果不問情由，毅然把大西洋學派的研究範式引進東亞海域，做法顯然有所不妥；而在論證上，亦不免會出現錯判或偏差。

不過，在細讀歐美學派的新路線時，也不難發現它們大多具有一種「跨海域性」（trans-

1 David Armitage, Alison Bashford, and Sujit Sivasundaram, *Oceanic Histories* (Cambridge: Cambridge University Press, 2018).

2 這裡讓我介紹一部有關航海與寵物歷史的小書：Philippa Sandall, *Seafurrers: The Ships Cats Who Lapped and Mapped the World* (New York: The Experiment, 2018)。書的中譯本《貓咪海洋簡史》，於二〇一九年由北京的聯合出版社出版。

3 就此，我特別希望推薦陳國棟、劉序楓、林玉茹、李其霖、郭忠豪、鄭維中等學者的研究。他們的著述均可見本書的〈延伸書目〉。

4 有關這方面的專論很多，有興趣的讀者可以從這兩部作品入手：Sylvia R. Frey, Betty Wood, *From Slavery to Emancipation in the Atlantic World* (London: Frank Cass Publishers, 1999), Pamela Scully and Diana Paton, *Gender and Slave Emancipation in the Atlantic World* (Durham and London: Duke University Press, 2005).

5 Janet C. M. Starkey, Paul Starkey, and T. J. Wilkinson (eds.), *Natural Resources and Cultural Connections of the Red Sea* (Oxford: Oxford University Press, 2007).

oceanic）的研究特色。所謂跨海域性，並不一定是橫跨不同地方的歷史事件——譬如耆英號遠涉亞歐海域，[6]又或者商船廈門號在一九二二至一九二四年跨越太平洋、大西洋的一段歷史。[7]我所指的，是一種人類文明與海洋世界的交互。這種交互無分種族或地域，其中所牽涉的起承轉合，在不同海域亦能找到相似的脈絡。比如早前提到的奴隸問題，就是一個「跨海域性」的例子。雖說這是大西洋學者的一個討論重點，但從解放奴隸所引申出的性別、階級、人口販賣、帝國主義等課題，便不只是一個局限於大西洋海域的討論。[8]在亞太海域，苦力、非法勞工、人口販賣等問題比比皆是。如是者，倘若我們能夠恰當地抓緊歐美的研究範式，便不會淪於麻木跟隨；反之會對傳統的歷史敘說有所反思。

「跨海域性」的討論彷彿與全球化的論述有所重疊。事實上，早在十年前，英國學者已覺察到海洋史和全球史在揉合上的問題。霍莎奧（Maria Fusaro）在她的《海洋史即全球史》（*Maritime History as Global History*）一書便曾提及，海洋史無疑就是全球史。換而言之，只要聚焦全球史所富含的連結性，便不用枉費周章去強調海洋史。我認為在理論的層面，海洋史的確是全球化論述的重要枝節。[9]特別在航空時代以前，七大洲就只能依賴五大洋來並連。然而，海洋史並不只是一段連接不同種群、跨越地域的交流史或「海交史」。其中所承載的，還包括各種關乎海洋空間的獨有課題。單是造船業的興衰發展，箇中所涉及的工藝和專業，已經是一個饒具技術和特色的專題。海洋世界甚至可以和其他學科有效整合。從歐美的海洋文學到明清時代的觀海詩，便是海洋和文學創作的有機貫連。至於海岸、島嶼，以及海平面以下的資源探採，亦曾引起不少史家的關注，為汪洋大海賦予一種學術研究的生命力。由此可見，海洋史除了包含一種「跨海域」的並連性外，它也是一部關乎人類文明和海洋世界共存、共享、共有的大歷史。近年來，有學者甚至主張以一個宏觀的「宇宙視點」去研讀海洋，比較地球海域與太陽系其他星體的海資源，在生態結構和養分組成上的共性與異同；其中涉及多個學科的觀察，成果非常有意思。[10]

---

6 「耆英號」由廣東船廠修造，船身以柚木製成，載三面帆，排水量達八百噸。一八四六年，由英商祕密購買，同年十二月七日駛離香港。翌年一月二十六日，越過爪哇海域，三月三十日繞過好望角，四月中旬抵達南大西洋的聖赫勒拿島（Saint Helena Island）。雖然「耆英號」的預設目的地為英國倫敦，可是船長凱勒特（Charles A. Kellet）與船員在溝通上出了問題，加上逆風阻礙，「耆英號」唯有持續向西北航行。這個看似無奈的決定，卻造就她成為第一艘橫渡大西洋並造訪美國紐約的中國帆船。一八四七年七月九日，「耆英號」抵達曼哈頓南端的炮臺公園（Battery Park），其後再轉往波士頓短暫停泊。一八四八年二月十七日，船長決定拔錨橫渡北大西洋，最後花了二十一天的時間，於三月二十八日安全抵達倫敦。

7 詳見阿爾弗雷德．尼爾森著，詹朝霞譯，《廈門號帆船的故事》（廈門：福建教育出版社，二〇二〇）。

8 有興趣的讀者可以參考 Jeremy Black 的 *A Brief History of Slavery: A New Global History* (London: Constable & Robinson Ltd., 2011) 和 William Mulligan 與 Maurice Bric 主編的 *A Global History of Anti-Slavery Politics in the Nineteenth Century* (New York: Palgrave, 2013).

9 David Armitage 於二〇一九年便出版了"World History as Oceanic History: Beyond Braudel"一文（載於 *The Historical Review / La Revue Historique*），強調海洋史在理論和研究方法上，均對全球史作出各種關鍵性的貢獻。

在史學的角度，海洋也可以賦予我們一種「去陸地化」的視野，剖析各種歷史問題。長久以來，一種以大陸為軸心（land-oriented / terracentrism）的史觀，已無形地主導我們對歷史的認知和評判。海洋不時被放置為大陸的邊陲或附庸，我們往往只有「地理」，鮮談「海理」。[11]又以中國的四民架構為例，士、農、工、商，是一個牢固不破的社會位分。以士為尊，儒學為本，便是中國文化的基本構成。然而，倘若我們把中國的海盜世界也納入討論，嘗試「去陸地化」，很多固有的範式便會被顛覆。在海盜的社群，我們找不到以儒家文化為本的社會生態，反而是一個有別主流，甚至是難以想像的文化構造。近親通婚，女尊男卑等現象，在海盜世界，一點也不稀奇。[12]

同樣地，我們已習慣利用一個以大陸為軸心的史觀，去分析滿清統治中國的歷史：滿洲人滿服騎射，馳騁天下，建立一個橫跨中亞的陸上帝國。他們對海洋的認識，對海疆的重視，往往不如前朝鄭和（一三七一—一四三三）下西洋的積極。如果不是鴉片戰爭、西方列強相繼由海路侵擾中國，清政府也不會意識到鞏固海防，發展海事的重要性。這種從大陸史觀出發的分析看似成理，但是否毫無商榷的餘地呢？中國的海岸線綿延千里，海洋文化源遠流長，單靠一個陸地史觀，而置海洋於邊陲，真的可以全面了解盛清一代的治國之道嗎？我撰寫本書的其中一個原因，就是希望追溯清帝國的海洋關懷，證明清代中國在歐美列強紛起進侵前，不是一個漠視海疆的陸權國家。簡單來說，要有效地掌握清帝國的治國藍圖，便不能夠忽略它在十八世紀的籌海方略。而要達到上述的結論，便需要利用一個「去陸地化」的視點來評析清代和海洋世界的關聯，從而呈現清代中國在鴉片戰爭之前的海洋意識，追尋一段久被遺忘的「海上新清史」。

話說到這裡，有必要說明一下什麼是「新清史」（New Qing History）和「海上新清史」。研治中國歷史的讀者，對曾被奉為顯學的「新清史」，當然不會陌生。但為了更有效地點出本書的題旨，請容許我對這學派的重點作一個簡單的介紹。事實上，新清史的定位，由於討論不斷，一直也未有一個完美的定案。如是者，我們更有必要為本書所引述的「新清史」作一個時段和性質上的說明。「新清史」的重點，無疑希望強調清皇朝的多元性和帝國性。[13]所謂多元性，意即清朝並非一個被全面漢化的中國皇朝。從大量滿文、蒙文、藏文檔案顯示，清皇朝之所以成為一個強大的帝國，是因為滿人技巧地運用多種策略，成功治理不

10 Jan Zalasiewicz and Mark Williams, "Oceans of the Solar System", chap. 9 in *Ocean Worlds: The Story of Seas on Earth and Other Planets*（Oxford: Oxford University Press, 2014）.

11 我第一次接觸「海理」一詞，是在濱下武志教授為「海表方行：海上絲綢之路史國際學術研討會」（二〇一六年十二月）發表的主題演講而來。他當時的講題是："Maritime Silk Roads and Trading Port Cities in Maritime Asia: 15-18 Centuries."

12 可參考Robert J. Antony, *Like Froth Floating on the Sea: The World of Pirates and Seafarers in Late Imperial South China* (Berkeley: Institute of East Asian Studies, 2003)。特別是書的第七章〈水手與海盜的文化世界〉。

同邊疆種群和以漢人為核心的文化圈。換句話說，滿人不單只有一種以漢人為本的統治標準，他們在治理蒙古人、藏人，以至其他族群的時候，亦會為他們量身訂做一套管治模式。引用一位美國歷史學家的說法：「清朝皇帝就好像一個戴著不同帽子的統治者。」[14]他們會根據不同情況，施展不同的管治手段和態度。

而所謂「帝國性」，便是針對清皇朝開疆闢土的一段歷史。由於十九世紀的慘痛經歷，清代中國經常被標籤為「受盡帝國主義折磨的犧牲品」。我們熟悉的百年國恥，便由一八四〇年的鴉片戰爭伊始。不過，新清史學者卻不太認同清朝一直「備受帝國主義欺凌」的說法。在他們的角度，十九世紀無疑是一個充斥苦難的年代；但倘若我們將焦點轉移到十八世紀，情況便大有不同。在康、雍、乾盛世，清帝國在中亞的擴張，與準噶爾的搏鬥，以至和沙俄的周旋，無不富有帝國主義的色彩。正因為這種「帝國性」，清皇朝的版圖方才得以大幅擴展，遠及新疆中亞，成為亞洲大陸的一個侵略者。[15]

「新清史」史觀出爐後，支持和反對的聲音此起彼落。有論者認為，無論滿人的邊疆政策如何多變，清朝終歸也是一個以漢文化為根基的中國皇朝。一些學者更表示，過分強調滿人的身分認同，依賴滿文檔案為佐證，實無助徹底了解清廷的統治思維。只因滿文檔案在數量上而言，始終遠遠不及漢文資料。[16]本書無意去支持或反對「新清史」，況且我總覺得，持續不斷的爭議倒沒什麼意思。畢竟雙方也是有理有據，分歧大多源於觀點與角度的不同而已。但無論爭論若何，我認為「新清史」確實為清代海洋史提供一個饒具意思的平臺，有利我們去探詢清代的海洋政策、關懷與意識。

首先，新清史的討論時空是十八世紀。在西方學界，這時代多被稱為「前近代時期」（early modern era）。在十八世紀的亞洲大陸，主要由幾個帝國所主導，其中包括清皇朝、蒙兀兒王朝（Mughal empire）、沙俄帝國（Tsardom of Muscovy / Russian Empire），[17]和鄂圖曼帝國（Ottoman empire）。與西歐不同，這些亞洲帝國之間並沒有軍事上的大交鋒，彼此有一種權力的平衡。正因為這種勢力上的均衡，清帝國在政治、經濟、文化上得以享受到穩扎的發展。如果我們參考大分流（great divergence）的論證，在國民生產總值方面，英、

---

13 例見Mark Elliot, *The Manchu Way: The Eight Banners and Ethnic Identity in Late Imperial China* (Stanford: Stanford University Press, 2001) 和 Pamela K. Crossley, *A Translucent Mirror: History and Identity in Qing Imperial Ideology* (Berkeley: University of California Press, 1999).

14 William Rowe, *China's Last Empire: The Great Qing* (Cambridge MA: Harvard University Press, 2010), p. 17.

15 可參Peter Perdue, *China Marches West: The Qing Conquest of Central Eurasia* (Cambridge MA: Harvard University Press, 2005).

16 可閱汪榮祖編，《清帝國性質的再商榷：回應新清史》（桃園：國立中央大學出版中心，二〇一五）。

17 Tsardom of Muscovy又稱Tsardom of Russia，泛指俄羅斯一五四七年至一七二一年間的歷史；而Russian Empire，俄羅斯帝國，則為一七二一年至一九一七年的君主制時代。

美、普、法等西洋國家更是遠不及清代中國。[18]而在不少史家眼中，相對十九世紀，十八世紀的清朝可算是一個文治武功，澤被萬民的盛世。雖然近年亦有不少研究指出，這個盛世只是虛有其表，特別在乾隆時代的中後期，清朝國勢可謂每況愈下。[19]但話說回來，與十九世紀相比，康雍乾時代的確相對太平無事。亦正因為這種安穩，令清政府得以有能力去籌謀和鞏固它的帝國統治。統治的藍圖包括各種邊疆政策，而海疆便是其中沒有被遺忘的一環。

換句話說，「新清史」讓我們重新喚起十八世紀的特殊性；也提醒我們要有效分辨十八世紀與十九世紀的清代中國，在客觀形勢、政策空間，以至發展維度上所存在的異同。如是者，十八世紀的清代海洋史自然與十九世紀的不一樣。事實上，在討論清代海洋史的時候，我們都不太習慣去關注十七、十八世紀。在一六八三年康熙（一六五四—一七二二）平定臺灣後，海疆彷彿便再無大事。除了航海貿易等論題外，就鮮見其他針對十八世紀海洋史的討論。所以，本書所言「海上新清史」的其中一個重點，就是希望在十八世紀的歷史長河中，找出一些在海貿框架以外的海洋專題。

其中一個令我倍感興趣的議題，就是清帝國在十八世紀怎樣看待海疆的「帝國性」。這種「帝國性」和新清史學派所言的有些相似。我與推崇新清史的學者一樣，大致認同清朝在十八世紀也是一個具有開拓性的帝國。不過滿人在中亞擴展的方式，與他們在固鞏海疆方面的力度則有所不同。清政府在治理海疆方面，顯然沒有一種霸權式的侵略，但這不代表其帝國性沒有在海域中得以彰顯。在本書的第一部分，我將會聚焦三個方面，來引證清廷的籌海方略與其帝國性的展示。其中包括測繪海疆、伐木造艦，以至在渤海一帶的海洋軍事化問題。

事實上，一個國家的「帝國性」，並不一定要與開疆闢土、南征北戰有關。正如我們對於「海權」概念的解讀，也不一定要和侵略扯上關係。在海權學權威馬漢（Alfred Thayer Mahan, 1840-1914）出版他的鉅著後，海權的展示便等同不同形式的海事入侵和攻伐。[20]然而，馬漢對海權的認知，亦不只限於越洋侵略的框架。而且，在研究海權的領域中，「海權」的伸展也包括在太平無事時，國家對海疆治理、航線保障，以至海岸區域巡防等範疇。十八世紀的清政府在這方面亦有其方針，絕非束手無策，漠不關心。相比明代的海事治理，康雍乾時代的海疆政策甚至有更進一步的跡象。比如在駐防海島方面，明代素來「棄海島而不守」的態度，[21]在清代則變得不合時宜。

話說至此，也有需要闡明一下清代和明代在籌海政策方面的關係。雖說十八世紀清代在治理海疆方面，相較前朝有所不同，甚至是變得相對積極，但綜觀清代的水師結構，依舊是

---

18 Kenneth Pomeranz, *The Great Divergence: China, Europe, and the Making of the Modern World Economy* (Princeton: Princeton University Press, 2000).

19 可參張宏杰，《飢餓的盛世：乾隆時代的得與失》（新北：廣場出版，二〇一五）。

20 Alfred Thayer Mahan, *The Influence of Sea Power Upon History: 1660-1783* (Boston: Little, Brown and Co., 1890).

參仿明代所制定的為藍本。即使在某些地方有所調整，但亦沒有偏離太多。[22]所以我們在處理明清兩代看待海事的時候，切忌誇大或忽略它們之間的連繫。不過我必須強調，本書可無意比較明代抑或清代的海洋政策誰更全面，哪個時代更能展伸海權。我所希望的，是藉著第一部分的專題，合理地還原十八世紀清代對海洋的關注和其帝國性而已。

要討論「新清史」學者的研究重點，便不得不提及當中的「內亞轉向」。顧名思義，在新清史學者的視角，清皇朝在中亞的擴張、「西征」，[23]莫不是奠定大清成為滿洲帝國，而非中華帝國的關鍵。由此論之，清皇朝在中國歷史上的定位，理應就是一個「斷裂」，而非「延續」。由於「內亞轉向」的觀點大膽，相關討論在學術界一直激起漣漪式的迴響。姑勿論這種「內亞視角」是否站得住腳，我認為這種側重「內亞大陸」的申述，並不一定要與「中華大一統」的問題相提並論。如果從一個海洋史的角度出發，我們甚至可以為這種「內亞取態」賦予一層新的學術生命。首先，十八世紀的清皇朝在治理和看待中亞邊疆的態度上，其實與它在海疆管理方面存在不少共通之處。最明顯的例子便是以一種「內外模式」去分劃海疆。這種「內海外洋」的區介，在中亞治理和朝貢體系的論述上，我們也可以找到「內朝貢國」和「外朝貢國」的相似邏輯。我在本書的第一章，便會就這種「內外模式」進行更深入的探討。除卻「內近外遠」的管治方針，清帝國籌理海疆和中亞的態度，箇中也有異曲同工的地方。特別在十八世紀的中、後期，清政府基本上沒有忽略海洋作為一個促進交流貿易的紐帶（frontier）角色，這種管治取徑與看待中亞絲路圈的重要性大致相同。而在統治的大格局上，海疆和中亞邊境均屬天朝國土的一部分，不能輕易捨棄切割。換言之，與其不斷強調清皇朝是一個內亞皇朝，倒不如把它理解成一個執意平衡中亞邊陲和海域疆界的大帝國，在東亞世界雄立超過整整一個世紀。[24]

---

21 由於明初的海島防衛，在選址和施行上也出現問題，所以朝野上下便有將海防「移入內地，移之誠也」的建議，這變相就是一種「棄海島而不守」的態度。見鄭若曾，《籌海圖編》，卷四，〈福建事宜〉，頁二八〇。對明清海洋史貢獻良多的衛思韓（John E. Wills, Jr., 1936-2017）也曾提示，明代海防大概離不開一種固守海岸線的「防禦性守衛」（defensiveness）。詳參他的"Relations with Maritime Europeans, 1514-1662" in Frederick W. Mote and Denis Twitchett (eds.), *The Cambridge History of China* (Cambridge: Cambridge University Press, 1988), vol. 8: The Ming Dynasty, 1368-1644, Part Two, pp. 333-375.

22 有關清初水師的制度、規模與它和前朝的關係，李其霖在這方面有很豐實的研究，其中包括：《見風轉舵：清代前期沿海的水師與戰船》（臺北：五南圖書，二〇一四）和《維安與捕盜：清代水師的職責》（高雄：國立中山大學人文社會科學研究中心，二〇二二）。

23 Peter Perdue, *China Marches West: The Qing Conquest of Central Eurasia* (Cambridge, Mass.: Harvard University Press, 2010). 本書的中文版於二〇二一年面世，題為《中國西征：大清征服中央歐亞與蒙古帝國的最後輓歌》，由葉品岑、蔡偉傑和林文凱翻譯，衛城出版。

24 我在拙著 *The Blue Frontier: Maritime Vision and Power in the Qing Empire* (Cambridge: Cambridge University Press, 2018) 也曾提及這個觀點；而松浦章在他的研究中，亦嘗觸及清帝國「海洋轉向」的問題，不過他的討論主要圍繞經貿出航方面。有興趣的讀者可以參考尹敏志的書評：〈新清史爭鳴：一個內亞帝國的海洋轉向〉，載《經濟觀察報》，二〇一六年十一月號。

除了對內亞史觀作出補充外，「海上新清史」也希望呈示東北亞海域在十八世紀海洋史的重要性。一直以來，明清海洋史的研究重心大多集中於上海以南的海濱與海域，相對而言，東北沿海彷彿了無大事，沒關痛癢。儘管東北海岸的海貿交流，遠遠不及東南沿海的發達和蓬勃，但箇中還有很多海洋特色，是我們在黃渤海境域以外所找不到的。我在書中的第三章〈建威消萌〉，便會就這方面多說一點。簡略來說，我認為這種「南熱北冷」的學術氛圍，在歐美史家多番強調「非主流海洋同樣重要」的走向下，[25]是時候作出適度的調整。「海上新清史」的其中一個願景，便是希望把我們的討論重心向東北轉移，重構一部更完整的清代海洋史。

「新清史」學派還有一道特色，就是對滿文檔案的重視和徵引。推而思之，「海上新清史」似乎也要適度利用滿文資料，方能配合「新清史」的研究範式。有關這一點，我認為在這裡要稍微申明一下。如果我們要建構一部更完整的清代歷史，滿文，以至蒙文和藏文的檔案無疑有所幫助；可是，正如一些批評「新清史」的學者所言，這一系列的「新檔案」究竟有多嶄新？它們是否可以就清皇朝的本質帶來翻天覆地的變化？這些問題還是沒有定案的。我是比較傾向相信，滿蒙檔案的確可以讓我們進一步了解一些關乎清代歷史的「複雜性」（complexity）和微觀變動，諸如邊疆管治、族群生活，以至商品、文化往來等課題；但就清廷統治的大方針和格局而言，非漢文資料大概是擔當著補充和輔助的角色。換句話說，即便是「新清史」反覆強調的「內亞轉向與帝國性」，也不一定要全數依仗滿文檔案去證明；我們在漢文紀錄中，其實也可以找到相關的例子。基於這個邏輯，我認為在海疆管理，以至海權展示等議題上，滿文材料的作用大致是類同的。

當然，如果根據「新清史」其中一個領軍人物歐立德（Mark Elliott）的論證，滿檔還會浮現一種專屬滿洲統治者的身分認同（Manchu identity）；[26] 針對這個觀察，我可沒有異議。但如果我們聚焦有關海事的滿文資料，它們是否也可以揭示一種滿洲特性，這裡我就有一點保留了。從另一個角度來講，滿人身分中所含藏的海洋性（maritime identity）究竟若何？這種海洋性是否只有在滿文資料內才能找到端倪？有關這些問題，相信還要指望更深入的研究，方才有所結論。不過，無論如何，我們還是要先弄清楚，及至目前為止，究竟有沒有與清代海事相關的滿文檔案存世呢？就我目覽所見，這類檔案果真有跡可尋。其中一個例子就是一幅題為《臺灣略圖》的海圖，墨繪於康熙初年，現藏國立故宮博物院。《臺灣略圖》的特色在於它分別有滿、漢箋注各一幅；是一張軍事攻略圖，估計是由明鄭降將周全斌（？—一六七一）在一六六六年繪呈康熙，以助他征臺之用。雖然滿文部分的內容大致與漢文的

25 David Armitage, Alison Bashford, and Sujit Sivasundaram, *Oceanic Histories*, pp. 24-26.

26 Mark Elliott, *The Manchu Way: The Eight Banners and Ethnic Identity in Late Imperial China* (Stanford: Stanford University Press, 2002).

相同，但它總算是一個饒有意思的例子。[27]除了這幅海圖外，以滿文撰著的資料還包括一些內閣檔案（例如《平定海寇方略》）與沿海碑刻，它們都具有不少研究價值，足資我們去參詳考究。[28]姑不論這些資料是一種「補足」還是「輔助」，它們對我們追尋清帝國的海洋關懷、海疆統治與籌海方略等面向，終歸也是有所助益。話雖如此，我還是要事先聲明，本書主要是依靠漢文與歐文檔案而成，所以在運用滿文資料方面，和「新清史」學者所期望的標準比較，難免會有很大的落差，這是要向讀者交代出來的。

至於本書的第二部分，將會從國家的層面轉移到以學人、商品為中心的討論，從另一角度追尋盛清和海洋的關係。相對第一部分，這部分選取的三篇文章，主題亦會較為「輕鬆」一點。比如我們會以《海錯圖》為例，探視清代學人與海洋物種的連結。所謂「海錯圖」，其實是學人對海洋生物的記載。有些海錯圖的特色在於圖文並茂，讓讀者能夠視像化（visualise）記錄者眼中的海洋世界。而這些海錯圖的描述，大多入世生動，且富含不少時代目光，為我們重構十八世紀的人海關係（human-sea relations）提供很有意思的材料。

除了《海錯圖》，我們亦會探討一些海洋生物被商品化（commodification）的過程。海洋世界的資源多不勝數，當中不只珊瑚珍珠在市場上有價有市，其他海產食材諸如魚翅海參，也是十八世紀的重要商品。中國市場對魚翅的喜愛其來有自，但及至明清之際，皇室貴冑、名流學人對它的喜愛更甚從前；北京以至地方各府縣，對魚翅的需求也是與日俱增。以魚翅為題的詩句文章，在明清兩代，更加屢見不鮮。這種對魚翅的消費與追逐，以及箇中的供求關係，也是人類文明剝削海洋的一段共存歷史。

盛清學人不只對魚翅大書特書，他們本身對海洋亦是充滿感受。在西方世界，我們看到不少文學作品均以海洋為題；而在藝術領域，更有一種以海洋景觀為畫風（marine art）的潮流。在十八世紀中國，即使沒有什麼經典的海景畫傳世，但以海闊汪洋為題的文學創作倒是不勝枚舉；其中「觀海詩」和「渡海詩」，便是兩類極具代表性的文體。雖然不是所有海洋作家都有出海遨遊的經驗，但他們對大海的想像和書寫，某程度上也能反映一種源自海洋的觀感和認知。對於我們構建「海上新清史」，也算是非常難得的史料素材。

本書題為「海不揚波」，乃典出唐代李沛〈海水不揚波〉詩：「明朝崇大道，寰海免波揚。既合千年聖，能安百谷王。天心隨澤廣，水德共靈長。不撓魚彌樂，無瀾葦可航。化流霑率土，恩浸及殊方。豈只朝宗國，惟聞有越裳。」詩歌氣象浩騰，寓意四海昇平；海域無

27 讀者可以參考林士鉉的文章：〈任教巨船難輕犯，天險生成鹿耳門：院藏滿、漢文《臺灣略圖》簡介〉，《故宮文物月刊》，第三四九期（二〇一二年），頁四〇—四八。

28 有關這些素材，盧正恒近年有不少研究成果，值得我們注意一下，其中包括他在北京大學宣讀的會議論文：〈滿文碑刻在海疆：莊大田事件的國家描述和地方反應〉（二〇一九年七月十八日）；以及在臺北中研院報告的〈大君有命以正功：《平定海寇方略》滿、漢稿本初探〉（二〇一一年十一月三日）。

風無浪，君王澤被天下。大海無波濤，在李沛筆下，是一個國邦隆盛的想像。即使波瀾起伏是海洋的常態，只要君主「崇大道」，行德政，自然可以「免波揚」，恩浸四方。作者寓情於景，其中意思不難琢磨。自李沛一詩傳世後，「海不揚波」一句便常被後人徵引。如果我們造訪臨海的大小樓臺，亦不難發現這四個大字經常被刻嵌於石碑之上。乾隆皇帝（一七一一－一七九九）也曾援引此句，指令地方官員要戮力整頓海疆事務，「靖海氛」，「存根本」，促使民有所依，海不揚波。由此可見，海洋也可以是天下秩序的縮影。在君王朝臣、文人學士眼中，大海汪洋所承載的，是一種超乎地域疆界的省思。我以此四字為書題，自然希望帶出大海波濤，在清代中國，不僅是一個有限的海域空間，在海洋文化史的角度，它也可以被解讀為一個邊際無限的文化想像，意義深長。

至於副題「清代中國」與「亞洲海洋」，看似直截了當，沒什麼弦外之音。其實，我刻意使用「清代中國」，而不用清帝國或清皇朝，是希望淡化「新清史」論述中有關滿族身分認同的觀點。正如我在前文提及，清帝國有其多樣性，也有其漢化性；它是一個中亞皇朝，也是一個中華帝國。再持續爭論「新清史」是否站得住腳，可謂多辯無益。行文至此，我有必要強調「海上新清史」並不是新清史的延續，亦絕非對它的一種挑戰。我所希望的，只是利用「新清史」學派的一些研究視野與論點，豐富我們對清代海洋史的認知，進而修正一系列固有的傳統史觀而已。綜合這篇前言，我們大概可以就「海上新清史」的構想整理出五個重點：首先，是清皇朝的「海洋帝國性」；其次，是其海疆管理和「內亞轉向」的關係；至於第三點，可以說是一種調整「南熱北冷」的學術態度；而第四點，就是在海貿框架以外尋找其他討論專題。最後，我亦希望倚仗「海上新清史」的旗幟，修復一部屬於清代海洋世界的物質文化史，同時將清代中國放置於一個跨海域的研究脈絡。根據我的經驗，或許會有讀者認為這些主張和立場的覆蓋面太廣，戰線太長；他們甚至會質疑，我所綜合的五個重點，大可不必以「新清史」的思維貫穿起來。就此，我必須補充一下：所謂「海上新清史」，它只是一個概念的雛形，至於上述研究面向是否禁得起時間的考驗，終究還是未知之數。但我總覺得，「新清史」在學術維度上不啻充滿很寬廣的討論空間，箇中也可以刺激多種批判和思考；所以利用它作為一個跳臺，無疑可以引發一定的關注和論辯，為海洋史和盛清史灌注新的動力。總的來說，如果《海不揚波》能夠拋磚引玉，藉此開拓相關討論，擴闊清代研究的視界，那它也算是有所交代了。[29]

另一方面，選題「亞洲海洋」而不用海洋，其中亦有一抹小小的涵義。在史學大師布勞岱爾（Fernand Braudel, 1902-1985）出版他的鉅著《菲利浦二世時代的地中海和地中海世界》（*La Méditerranée et le monde méditerranéen à l'époque de Philippe II*）後，學界紛紛注意到以海洋史觀分析歷史變遷的重要性，「地中海式的論述框架」（Mediterranean model）因此應運而生。由於「地中海範式」強調海洋交流，文化交互等要義，研究其他海域的史家便紛紛大加引用，提倡「印度洋地中海」、「東亞地中海」（East Asian Mediterranean）等概念。[30]布勞岱爾的論述，無疑影響深遠，放諸四海皆準。但當一些理論看似可以縱橫南北之際，它也會有「放諸四海皆不準」的危機。何況東亞海域在面積、水文環境，以至歷史軌跡各方面和地中海也是迥乎不同，兩者所見證的文化交流是否毫無二致，這些都是我們需要思考的地方。恰如另一位海洋史學家 Frank Boreze 所說，亞洲港市的社會和文化性質，與大西洋地區的相比，可是互有特色、風格各異。[31]有鑑於此，為了強調亞洲海域（特別是東亞、東南亞一帶）在世界史上的主體性和獨特性，我認為以「亞洲海洋」為副題，應該比較合適。

最後，我想強調本書所載錄的各個章節，只是我研讀海洋史時的一些觀察和心得，[32]所以在行文、注釋與結構方面，也沒有往常的那般嚴肅。不過，倘若書中有任何缺漏，還望前輩同行不吝賜正。這部小書的撰寫，無非希望喚起廣大讀者對十八世紀清代海洋的興趣，繼而思考人類文明與汪洋大海的共存意義。而我在書末，亦會附載一個〈延伸書目〉，為有興趣的讀者，提供進一步的參考。

29 事實上，我在二〇一九年，已在亞洲研究協會的年度大會（The Association of Asian Studies Annual Conference）上提出「海上新清史」的理念，並以“The New Qing History: A Maritime Approach”籌組一個討論會（panel），席上有來自美國、英國、加拿大、德國和中國等地的學者。有興趣的讀者可以到這個網頁，查閱相關會議的詳情：https://eventscribe.com/2019/AAS/fsPopup.asp?Mode=sessioninfo&PresentationID=463504&fbclid=IwAR0_dQTOnJrI62T4xJqvyML98tAIQZpi2ahh8iT5QoSrGHQOUM92OnCd8Mc。更值得慶幸和鼓舞的是，在往後兩年，分別有一些青年學人（包括來自加拿大的 Chris Chung 和臺灣的盧正恒）陸續籌組論壇和講座，延續這方面的討論。希望在不久的將來，大疫之後，我們可以集結更多的同好，一起商議和深化這個論題。

30 例見 Angela Schottenhammer, *The East Asian Mediterranean: Maritime Crossroads of Culture, Commerce and Human Migration* (Wiesbaden: Harrassowitz Verlag, 2008); François Gipouloux, *The Asian Mediterranean: Port Cities and Trading Networks in China, Japan, and Southeast Asia, 13th-21st Century* (Cheltenham: Edward Elgar, 2011); Sujung Kim, *Shinra Myojin and Buddhist Networks of the East Asian Mediterranean* (Honolulu: University of Hawai'i Press, 2020).

31 Frank Broeze (ed.), *Gateways of Asia: Port Cities of Asia in the 13th-20th Centuries* (London: Kegan Paul International, 1997).

32 除了第二章〈伐木造船——康雍年間在臺的戰艦修造與樟木採辦〉的第一稿，在論文集《近代中國海防史新論》出版過外，其他章節均是新作且從未發表。

第一部分

第一章

測繪海疆

十八世紀清代有關內海與外洋的論述

RUIT HORA.
HUGO GROTIUS.
Reginæ Regnique Suediæ Consiliarius eorundemque ad Regem Christianissimum Legatus ordinarius. quondam Syndicus Roterodamensis. ejusdemque Urbis in Conventu Ordinum Hollandiæ & Westfrisiæ Delegatus.

圖 1-1　格勞秀斯

格勞秀斯（Hugo Grotius, 1583-1645），一五八三年在荷蘭台夫特（Delft）出生；十五歲便取得萊頓大學頒授的法學博士學位，翌年獲得執業資格，堪稱荷蘭史上的一個傳奇神童（見圖 1-1）。格勞秀斯對當時的海洋法則（marine order）特別醉心；不過，這裡所謂的海洋法則，只是天主教神學理論的一部分。在十六世紀歐洲，神權掌控天地，汪洋萬物的生存秩序，無不取決於羅馬教廷。在哥倫布發現美洲新大陸後，西班牙和葡萄牙在海上的摩擦愈趨緊張，雙方為了爭奪人力、航線、港口和資源干戈不斷，教會為了平息紛爭，在一四九四年毅然將天下海洋一分為二。大西洋以西盡歸西班牙，而葡萄牙則受神權指示向東發展，史稱《托德西利亞斯條約》（*Treaty of Tordesillas*）。

以神權二分海洋，一直沒有遭到歐洲各國的強烈抗議。然而，格勞秀斯總覺得這種分劃有違自然。在他看來，濫用神權來干預海洋的使用權，是一種剝削商貿自由的暴力。海洋理應是一個共有領域，各國可以自由活動，不受制於任何束縛。格勞秀斯的觀點大膽，在歐洲大陸立時引起很大迴響。他其後在一六〇九年出版的《海洋自由論》（*Mare Liberum*），更被多個西歐國家的財主商閥追捧。荷蘭、英國亦因此一躍而起，大肆發展航海事業，成功打破由西班牙和葡萄牙對海洋貿易的壟斷。

《海洋自由論》的觀點在於打破疆域，強調每個國家都可以自行進出其他國家的海域，共同享有無盡的海洋資源。雖然這種構想，有一種天下大同的願景，各國無分彼此，看似皆大歡喜，但在不少歐洲皇廷眼中，要全面開放海洋，無異等同放棄對個別海域的主權和控制，實行非常困難。一六三五年，英國學者約翰・塞爾登（John Selden, 1584-1654）便針對海洋自由論，出版《海洋閉封論》（*Mare clausum*），強調海洋也是國家疆域的一部分，理應妥善分劃（見圖1-2）。這種由地域延伸至海域的主權說，為日後歐洲列強競相追逐，漸變海洋霸權之路提供一定的理

圖 1-2　約翰・塞爾登

論基礎。話說回來，在塞爾登的論著出版後，有關海洋應否制定邊界，國家應否自劃領海，雙方各執一詞，辯論不曾休止。一直要等到一七〇二年，在另一個荷蘭法學學者拜根霍克（Cornelius van Bynkershoek, 1673-1743）提出以「三海里為界」、標示各國均有權對其海岸附近三海里行使主權後，有關爭論方才稍微降溫。

自十六世紀伊始，歐洲大陸對海洋如何設限，海疆應該怎樣劃分等問題可謂激辯連場。反觀清代中國，相關討論卻是絕無僅有。綜觀清代的官方檔案，以至文人學士的書稿札記，也未曾發現有類似的爭議存世。究其原因，無非東亞海域向來相對平靜，沒有西歐列強激烈競逐的氣氛。不過，雖然在明清中國找不到像格勞秀斯、塞爾登等前衛人物，但這是否代表清政府沒有劃治海疆的例子呢？儘管我們找不到恰如英、荷、西班牙之間的大爭論，但是透過一些官方文書和海疆圖，我們發現清政府對海疆的劃分也是有章可循的。即使沒有「以三海里為界」的法則，在海域管理方面，清代中國卻不時有分治「內洋」和「外海」的概念。這種在洋域劃界管治的舉措，不僅顯示清廷對海疆有所關注，很大程度上，也是它展示其帝國性的一個證明。

海疆圖

在說明這種「內洋」與「外海」的關係前，我們先對海疆圖作一個簡單的介紹；畢竟要有效劃治海疆，就必先對沿岸海域進行測繪。顧名思義，海疆圖就是描繪海岸的輿圖，和西方世界的海圖（sea chart）相似。至於輿圖，就是西方的地圖，是中國史地學的一個傳統。測量天地，秦漢以來已有；而以地理圖像展示國威，亦是中外統治者的普遍做法。不過，在明清以前，官製輿圖大多以陸地為中心，鮮見以海岸為重心的圖本。

及至明清時期，海圖或海疆圖方才漸趨普遍。在十七、十八世紀，更有一些私人繪製的海疆圖傳世，為明清海岸線的變遷提供大量佐證。順帶一提，雖然這些海疆圖不由官方監製，但卻不代表它們沒有機會展現皇朝的帝國性。大部分私製海圖，也是附載於一些討論海防、海事的著作之後。這些海洋作品大多從帝國的中心出發，著求經世致用，記錄作者對國家的正面觀察，鮮見反動叛逆的遣詞。由於這些作品大多和政府的立場相近，論述自然也符合國家願望。由此推論，這些作品也在構建個別學人眼中的帝國天朝，肯定一個他們引以為傲的國度。這種學人文化，也可以算是一種結合思想和帝國性的能量，有助鞏固國家的大一統。

就數量而言，明朝刊製的海疆圖比十八世紀的清代為多；但在品質方面，清製的海圖則較前朝準確，用色也相對奪目。事實上，康、雍、乾三朝在製作國家地圖方面，可謂不遺餘力。自康熙時代，中央已定時派遣官員到州府巡察，量劃地形，勘查疆域。康熙對西洋的天文以及三角測量法，更是欽羨佩服，遂以資為參考，於一七〇八年下令編繪《康熙皇輿全覽圖》。經十年時間，《全覽圖》方才初步完成。[1]《全覽圖》將清朝的疆域觀表露無遺，其中包括渤海、東海、臺海，以至海南島一帶水域，此舉無疑是對這些海域宣示主權。而在雍正朝刊製的《雍正十排皇輿全圖》和乾隆的《十三排圖》（又稱《乾隆內府輿圖》），亦不忘納入這些海疆水域。雖然它們均未有明確標示海域的疆界，但從這些洋域被一併納入「皇輿範圍」可見，水域管轄權誰屬，大概不言而喻。不過，這些《皇輿圖》的設計皆以陸地為中心，圖上的文字主要針對天下九州，海面大多留白，沒有太多文字解讀。所以，透過這批《皇輿圖》，我們只能得出一個概念，就是清廷對這些海域存有一種認可性。至於其具體治理海疆的方向和策略，則需依靠其他海圖和文本去追尋線索了。

明、清海疆圖在設計上還有一個顯著的差別。明代的圖本大多是「陸地在下，海洋在上」，而清代的卻是「海洋在下，陸地在上」，當然其中也有一些相反的例子，但普遍而言，「洋在下，地在上」的構圖在清代逐漸成為一個主流。這看似無關宏旨的觀察，反而有值得我們注意的地方。當陸地被置於圖本下方時，往往會予人一種從大陸遠眺海洋的觀感。

相對來說，如果將海洋放在圖本下方，便會有出現一種從汪洋俯望大陸的視角。究竟是什麼原因促使這種視覺上的轉向，我們還未完全清楚；但至少可以肯定，清人並非單憑前朝的思維和方法去測繪海疆，蕭規曹隨。此外，清代的海圖在介紹、評析洋面方面的資料時，也較明朝詳盡。例如在乾隆時代出版的《海疆洋界形勢全圖》，[2]就是以陳倫炯在康熙年間刊行的《天下沿海形勢圖》為藍本，再加以修改。這兩幅海圖所載錄的文字資訊，也較明朝的仔細和豐富。從這些例子得見，清廷的海洋意識在各方面也不一定比前朝遜色。（見圖1-3）

在盛清一代出版的海疆圖，更不時會附上近百字，甚至千字的前言或跋文，說明邏察海疆、禦敵海防等要義。例如上文所提及的《海疆洋界形勢全圖》，便有一段很詳盡的前言，申論清代的天下大勢，海防與江防的分別，以至海事、海防與海貿的重要性。只要「從海事者」能夠掌握「海疆的治防之道」，按圖索驥，自然可以達致「海宇澄清」，民生有益，百姓安寧（見圖1-4）。而在這些文字之中，我們亦不時會發現有關「內海」和「外洋」的引用，標示不同水域的分界與自然地理，諸如「外洋險要」、「內洋島嶼龐雜」等等。

1 有關《康熙皇輿全覽圖》的研究，可參白鴻葉，李孝聰，《康熙朝皇輿全覽圖》（北京：國家圖書出版社，二〇一四）；Laura Hostetler, "Contending Cartographic Claims? The Qing Empire in Manchu, Chinese, and European Maps," James R. Akerman (ed.), *The Imperial Map: Cartography and the Mastery of Empire* (Chicago: University of Chicago Press, 2009).

2 亦有言此圖名為《各省沿海口隘全圖》。（藏於國立故宮博物院）

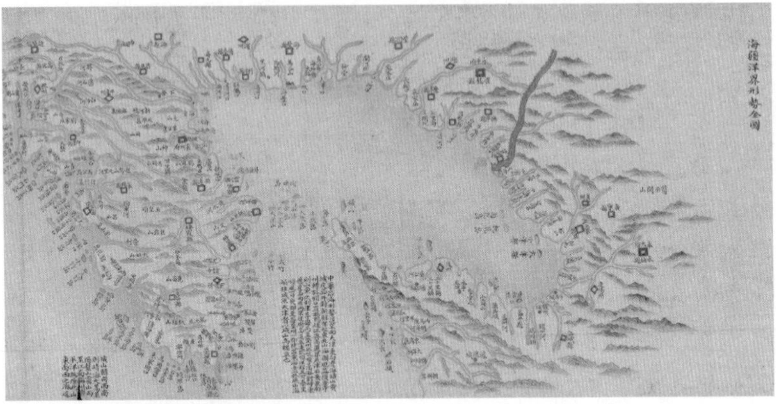

圖 1-3 《海疆洋界形勢全圖》

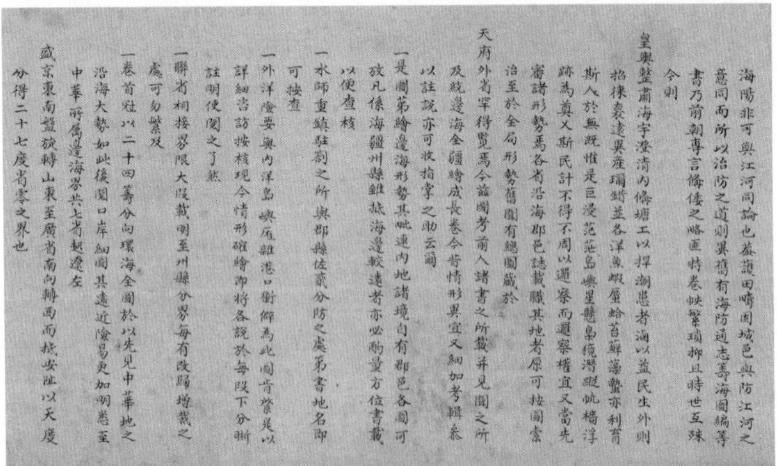

海防非可與江河同論也蓋護田疇固城邑與防江河之
意同而所以治防之道則異舊有海防通志籌海圖編等
書乃前朝專言備倭之略匪特卷帙繁瑣抑且時世互殊
今則
皇輿盤肅海宇澄清內備塘工以捍潮患者海以益民生外則
招徠裹遠異產琛賮並各洋魚蝦蜃蛤苔蘚藻盤亦利甬
斯人於無既惟是巨浸茫茫島嶼星懸島澳灣縱帆檣浮
跡為莫又斯民計不得不周以邏察而邏察權宜又當先
審諸形勢焉各省沿海郡邑誌載職其地者原可按圖索
治至於全局形勢舊圖有總圖藏於
天府外省罕得覽焉今謹考前人諸書之所載并見聞之所
及統邊海全疆繪成長卷今昔情形異宜又細加考輯參
以註說亦可收指掌之助云爾
一是圖第繪邊海形勢其毗連內地諸境自有郡邑各圖可
攷凡係海疆州縣雖抵海邊較遠者亦必酌量方位書載
以便查核
一水師重鎮駐劄之所與郡縣佐貳分防之處第書地名即
可按查
一外洋險要與內洋島嶼厓礁港口衝僻為此圖肯綮是以
詳細咨訪按核現今情形確繪即將各說於每段下分晰
註明使閱之了然
一聯省相接界限大段載明至州縣分界每有改歸增裁之
處可勿繁及
一卷首冠以二十四籌分向環海全圖於以先見中華地之
沿海大勢如此後圖口岸細圖其遠近險易更加明悉至
中華所屬邊海界共七省起遼左
盛京東南盤旋轉山東至廣省南向轉西而抵安趾以天度
分得二十七度有零之界也

圖 1-4 《海疆洋界形勢全圖》前言

「內海外洋」

究竟什麼是「內海」？什麼是「外洋」呢？如果用一個最簡單的說法，內海可以視為西方概念上的「國家海域」或「領海」，而外洋就是「公海」。然而，這種簡易的分類，實不能完全涵蓋十八世紀的歷史場景。事實上，在清代中國，「內海外洋」的劃分，遠比我們所想的還要複雜一些。在不同官方文書、地方著作，以至海疆輿圖所載述的「內海」和「外洋」，它們的意思也可以有所不同。換句話說，在十八世紀，清皇朝可沒有一個像「以三海里為界」的標準，去統一「內海」和「外洋」的方法和定義。故此，我們在閱讀這個內、外觀念時，不得不小心考慮它背後的歷史環境，以及作者和製圖者的編著動機。

雖然「內海外洋」的概念看似混亂，但我們仍然可以從中找出幾個主要脈絡，說明它被引用時的邏輯。我們大概可以從四種視角出發，分別是「主觀且微觀的視角」，「從大統治出發的宏觀角度」，「海軍巡哨的視角」以及「地方管治的角度」。[3] 首先，所謂「主觀且微觀的視角」，望文生義，就是作者自身對海洋的觀察。在不同的海洋著作中，作者大概會標示他們能力可以觸及的水域為「內洋」或「內海」，至於在他們認識以外的，多被書寫為「外洋」。打個比方，對曾出遊臺海的黃叔璥（一六八二－一七五八）而言，福建沿海以至

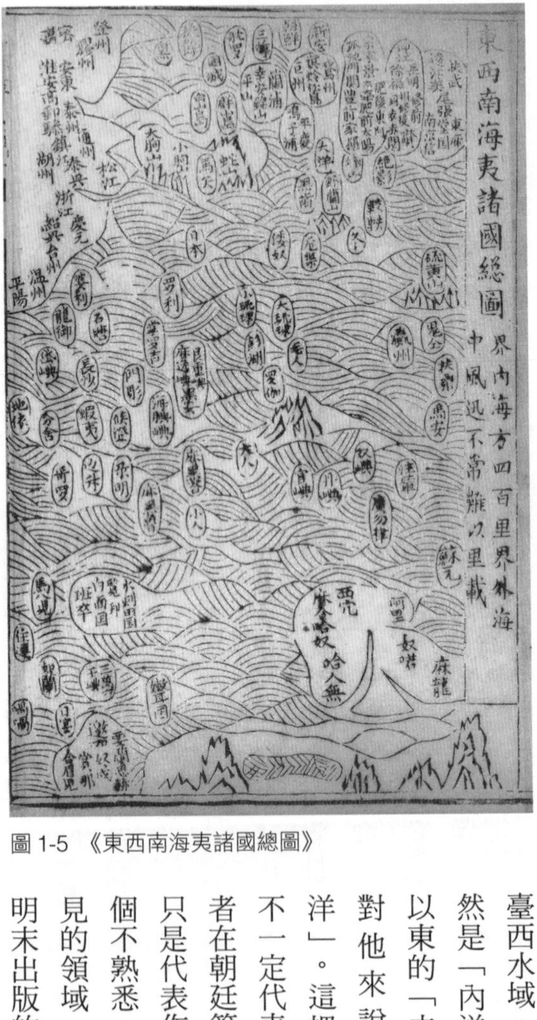

圖 1-5 《東西南海夷諸國總圖》

臺西水域，在他眼中自然是「內洋」，但臺灣以東的「未知海域」，對他來說就是「外洋」。這裡的「外洋」不一定代表公海，又或者在朝廷管治之外；它只是代表作者筆下，一個不熟悉、甚至未曾聞見的領域。事實上，在明末出版的《東西南海夷諸國總圖》，製圖者張燮（一五七四—一六四〇）亦曾言及「外海風汛不常，難以里載」（見圖1-5）。作者雖然沒有說明他書寫的「外海」所在何處，但卻表示了在其能力範圍以外、未及碰觸的地方，在「主觀且微觀」的視角下，多被描述為「外海」或「外洋」。

不過這種主觀角度下的「外洋」，也不一定代表作者對那片海域的不熟識，又或者在他的學問之外。不少在十八、十九世紀初出版，與海貿、海事有關的文本紀錄，就不時以「外洋」一詞來標示在南洋以西的「小西洋」或「大西洋」。這裡的小西洋，意即印度洋；而大西洋則泛指鄰近歐洲大陸的海域。例如乾隆時代的行商潘有度（一七五五—一八二〇），在其《西洋雜詠》便曾以「外洋爭戰，廿載未靖」一句，概論拿破崙戰爭的始末；[4] 而陳倫炯在他的《海國聞見錄》，也有言謂「外洋諸國疆域相錯」，[5] 標示東南亞與西歐諸國，「人風物產」與中國也不盡相同。嘉慶年間出版的《景德鎮圖錄》亦有這段記載：「洋器，專售外洋者。商多粵東人，販去與洋鬼子載市，式多奇巧，歲無定樣。」[6] 從這些作品的描述可見，作者不一定對印度洋、大西洋一無所知，但他們卻依舊會歸納這些水域為「外洋」或

---

3 王宏斌和汪小義也曾對「內洋」、「外洋」的概念有所探討，其中以王氏的研究較具代表性，有興趣的讀者可以參考他在二〇二〇年十月出版的《清代內外洋劃分及其管轄權研究》。至於英文著述方面，我在拙著 *The Blue Frontier: Maritime Vision and Power in the Qing Empire* (Cambridge: Cambridge University Press, 2018) 的第二章也有相關論說。值得交代的是，在拙著出版之前，王宏斌已經發表過一些關乎「內洋外海」的文章，筆者是在其研究基礎上深化與修定這種空間模式的。另一方面，我在《海不揚波》這部分的觀察，和 *The Blue Frontier* 內的並非完全一樣；我所歸納出的四種視角，希望能夠對王宏斌等學者的研究有所補足。

4 見《西洋雜詠》（網絡版），〈番禺潘氏詩略〉（https://www.macaudata.com/macaubook/ book257/html/ 081501.htm）。

5 陳倫炯，《海國聞見錄》（乾隆五十八年本，讀者可於早稻田大學的洋學文庫下載這版本的全書，合共兩卷），〈序〉，葉一一上—一一下。

6 藍浦撰，鄭庭桂補編，《景德鎮圖錄》（同治九年版，北京大學圖書館館藏），卷二，葉八下—九上。

「外海」。由此推論，在個別學人筆下，「外洋」所承載的距離感，既可以是地理上的一種有形距離，亦可以是視野、認知上的一種無形距離。

普天之下，莫非內洋？

第二種脈絡，是一種「從大統治出發的宏觀角度」。這種視角無疑是從中央政府的宏闊治理出發。在統治者眼中，凡屬皇朝所管轄的海域，便是「內海」，這與「普天之下，莫非皇土」的概念如出一轍；至於國勢未及，又或者中央政府無意管理的海域，則被統稱為「外洋」。在康熙五十一年（一七一二），我們找到一個例子。當時在黃、渤海一帶，由於漁獲不振的問題，大清的捕魚者不時駛至毗近朝鮮的海域捕魚，但此舉卻引起朝鮮漁民的不滿，雙方爭議不休。康熙在了解情況後，遂頒令朝鮮一帶的海域為「外洋不屬內洋」，應由朝鮮官員管轄，中國子民不得異議。[7]而雍正帝亦曾言「外夷兵船或寄內洋，俱調兵立時驅逐」，[8]明確說明內洋是國家疆域，未經允准，不得擅闖。其實，在保護與援助海面遇難商船方面，我們也不難發現這種「內洋外海」的邏輯。譬如在乾隆一朝，便有以下的一段紀錄：

外國商民船，有被風飄至內洋者，所在有司拯救之。疏報難夷名數，動公帑給衣食，治舟楫，候風遣歸。若內地商民船被風飄至外洋者，其國能拯救資贍、治舟送歸，或附載貢舟以還，皆降旨襃獎。[9]

引文清楚說明，內洋屬天朝管轄，對待遇事商民、覆溺貨船，自當極力搶救，廣柔遠之恩，致「使被溺之人得全軀命，落水之物不致飄零」。[10]至於外洋，則在管轄以外，只能祈願他國可以戮力救助；倘若援救得力，朝廷亦會表揚襃獎。[11]

7 全文可見於《聖祖仁皇帝實錄》：「戊寅。諭禮部、朝鮮國王李焞奏、前往伊國境內海洋捕魚船隻、請再行嚴禁。現今內地海洋小寇、雖飭地方官、嚴行查拏。但海面遼闊、時或有之。邇來浙省海洋賊寇、潛行劫奪。官兵追捕、游擊一員、被傷身亡。曩者附近朝鮮海洋、潛行捕魚船隻、曾經申飭盛京將軍、及沿海地方官員、嚴加巡察緝拏。而今尚有八九船隻、違禁潛出外洋、竟至朝鮮邊界捕魚。是即賊寇也。嗣後如有此等捕魚船隻、潛至朝鮮海面者、許本國即行勦緝。如有生擒、作速解送。毋因內地之人、致有遲疑。特諭。」

8 李元度，《國朝先正事略》（收於《四部備要》），第四十六輯（臺北：中華書局，一九八九），卷二一，〈名臣吳槐江宮保事略〉，頁二七五。

9 允祹等撰，《欽定大清會典（乾隆朝）》，卷五六，《文津閣四庫全書》（北京：商務印書館，二〇〇六），〈史部〉，第六一九冊，頁一〇。

10 此語出自世宗憲皇帝，可見在雍正年間，已有相近思維。見李紱等編，《世宗憲皇帝上諭內閣》，卷八三，〈雍正七年七月二十一日〉，頁二一。

由此可見，在中央管轄的視角，內、外兩洋的分劃是很直接鮮明的。不過，由於當時終究未有如西方「如何確實劃定洋界」的討論，在中央管治的層次，亦沒有一個明確的標準，制定內洋和外海的界限。如是者，內、外洋的準則便不時出現更動。順帶一提，在爬梳官方檔案時，筆者亦有所發現。每當海事防務與江河事宜被一併討論，江河事務往往就是「內河之事」，而與「內海」有關的海事便會變成「外洋之事」。例如，在討論治理沿海防務時，便時有「禦之外洋，不如禦之內河」的記載。引文所言及之「外洋」，當然不是國家治理以外的海域，而是沿海一帶由炮臺和海軍組成的防線。但以「外洋」稱之，無疑希望凸顯內河的重要性。綜合這些例子，我們可以進一步了解，清廷不只會利用一種固定不變的「內、外」概念去治理海疆，他們亦會巡用這種關涉「內外」的空間性，完善他們管治上的邏輯。事實上，倘若我們把焦點由海疆西移至中亞，蒙古邊域，在清朝的朝覲年班與朝貢制度下，當中也有「內藩」、「外藩」、「內八旗」、「外八旗」等分野。「外藩」所受的待遇和保護大不如「內藩」、「宗藩」和「藩部」等屬國。最早提出這種「內外模式」的，相信是研究中國問題孜孜不倦的費正清（John King Fairbank, 1907-1991）。他在《劍橋晚清史》（*The Cambridge History of China: Late Ch'ing, 1800-1911*）上冊，首次引用「內藩」（internal vassals）和「外藩」（outer vassals）的類分。[12]事實上，早在順康年間，朝廷已經把內蒙古各部視同「內八旗」，至於外扎薩克蒙古，則為「外藩」，是故《理藩院則例》便有這樣的說明：「外藩四十九旗，雖各異其名，視內八旗無異也。蒙古諸部，有喇嘛、厄魯特、喀爾喀，視四十九旗，又為外矣。」[13]其他中亞藩屬，也有相近的內、外區分。[14]換言之，只要我們從「內外空間」的角度出發，海疆和陸疆在治理模式上，便會出現一種有形且奇妙的對稱關係。

當然，眾所皆知，這種以內與外分析空間的概念，絕非滿人首創。在傳統中國，「內與外」、「陰與陽」所負載的文化、哲學意義可是源遠流長。而在文哲以外，「內與外」在政治領域中也是有跡可尋。例如西漢一朝，便有內廷和外廷之別。至於在日常生活，「內子、外子」，「內院、外庭」，「內事、外事」等例子更是多不勝數。反觀在滿文檔案，卻未曾發

11 有關海難方面的研究，讀者可以參考劉序楓的文章：〈清代檔案與環東亞海域的海難事件研究——兼論海難民遣返網絡的形成〉，《故宮學術季刊》，第二十三卷（二〇〇六年），第二期，頁九一—一二六；〈漂泊異域——清代中國船的海難紀錄〉，《故宮文物月刊》，第三六五期（二〇一三年），頁一六—二三；〈試論清朝對日本海難難民的救助與遣返制度之形成〉，載浙江大學日本文化研究所編，《中日關係史論考》（北京：中華書局，二〇〇一），頁一九四—二二二。

12 John King Fairbank, "Introduction: The Old Order" in his edited *The Cambridge History of China* (Cambridge: Cambridge University Press, 1978) vol. 10: Late Ch'ing 1800-1911 (Part 1), pp. 31-32.

13 見《乾隆朝內府抄本理藩院則例》（中國哲學書電子化計畫電子版），第四冊，〈順治十一年第三二六條〉。

14 詳參張雙智，〈清朝外藩體制內的朝覲年班與朝貢制度〉，《清史研究》（二〇一〇年八月），第三期，頁一〇六—一一六。

現類似的對仗。由此可見，清政府引用「以內、外為本」的空間法則，實源於一種由來已久的漢文化。不過，和前朝不同的地方是，清政府將這種內外思維引進海疆管治，可以說是歷朝以來最全面和周詳的一代。我們從下文討論餘下的兩種角度時，便會更加清楚。

水師巡哨

第三種角度，是一個「海軍巡哨的視角」。由這角度所展示的內海與外洋，較前兩種視角更具實務性。所謂海軍巡哨，乃清代水師在海疆進行防務的日常。自康熙攻克臺灣後，地方水師便有定時巡邏海疆的責任，確保「消弭賊匪，衛安商旅」。清廷對水師巡哨的要求十分嚴謹。按《洋防輯要》的記載：「水師各營，配兵出洋巡哨，必須選擇明幹弁兵」，盡力巡邏。倘若兵將在大海汪洋，遇到匪船「退縮不前，轉被盜劫」，便須由該督撫查明，且將肇事官員參奏革職。[15]由此可知，沿海巡哨，皆是水師要職。而水師巡哨所規定的洋域路線，便會被分劃為「內洋」或「內海」。

不過，我們需要注意，由於清朝的海岸線覆蓋共七個省分，而各省分的海域、水文環境也有所不同，所以地方水師大都有不一樣的巡哨路線和範圍，對內海的界定亦有些分別。諸如浙江海面，為江河出口，且多島嶼，由巡哨路線所組合的「內洋」便變得相較錯綜複雜。另一方面，有清一代，亦具定期「會哨」的規定。所謂「會哨」，其實是兩個省分各自派遣地方水師，共同巡查一些指定洋域。在「會哨」的架構下，個別水師所理解的內洋範圍，自然會因為巡哨路線的改變而擴闊，或者有所增減。這些小枝小節，都是需要多加注意的地方。

水師巡防最大的敵人，無非天然風浪和海賊盜寇。在大部分牽涉水師巡防的文書中，海盜賊匪的活動水域、藏身之所，一般會被標注為「外洋」。正如前文提到的《海疆洋界形勢全圖》，便有「匪船……晨則遠颺於外洋」、「外海捕盜」、「外洋為奸險藏匿」等語（見圖1-6）。事實上，在一些文人書稿，我們不時也會找到這類說法。當然，這些海盜巢穴，雖被稱為「外洋」，又或者是地處「外洋」，水師依舊要定時巡邏，有必要時更要準備搗破清剿。所以，在這個語境下的「外洋」，可以說是對海上賊盜的別稱，並非意指海洋邊陲，又或者是域外之地，無需稽察。

然而，只是依賴水師在洋面上維持治安，實難確保海面太平無事。清廷在建設水師之外，亦督令地方官員、綠營守將，協助海疆防務。為了有效釐清防責，《大清會典》便曾以

15 嚴如熤，《洋防輯要》（北京：知識產權出版社，二〇一一），卷二，〈洋防經制上〉，頁一〇。

「內洋、外海」的概念說明一二，文曰：「內洋失事，文武並參；外洋失事，專責官兵，文職免其參處。」[16]按《清例》的說法，如果在內洋發生事故，文職人員和水師兵將都是責無旁貸。倘若外洋生事，這便是水師的責任，而文職人員則可以「免其參處」。時任河南山東總督的田文鏡（一六六二—一七三三）亦曾言明：「外洋責之巡哨官兵，內口責之州縣有司。」[17]田文鏡的意思大概與《大清律例》的條文相似。值得留意的是，這裡的「內海外洋」，雖然文字上有內外之分，但在海防巡哨的角度，皆屬域內之洋，州府官員都要律己盡責，確保洋面盜賊全數肅清。

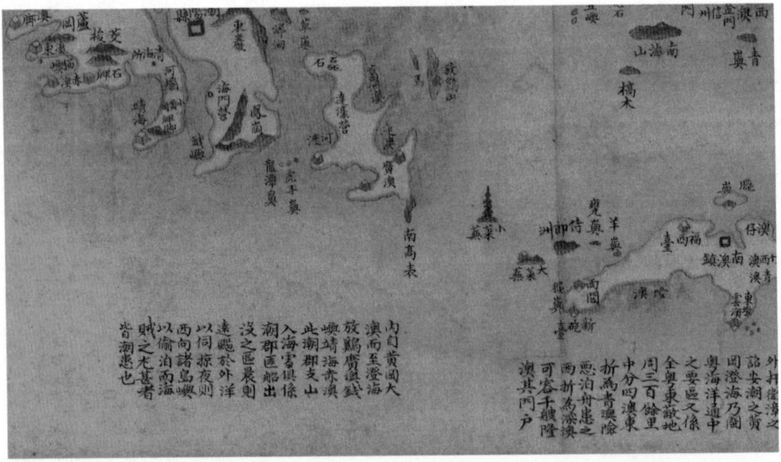

圖 1-6 《海疆洋界形勢全圖》將海盜活動水域與巢穴標注為「外洋」。

營汛圖

有興趣的讀者可能會問，海面有事之時，怎樣去妥分「內海、外洋」？倘若海面並無劃界，地方官員大多可以推諉塞責，揚言這屬外洋管轄，與我無關。針對這樣的情況，沿海水師官員，大多會製作一種海圖，仔細劃分個別地區「內海外洋」的分布範圍。由於這類海圖在功能和意義上相對獨特，我姑且先把它們命名為「營汛圖」。而透過這些營汛圖，我們便可以進一步理解由「地方管治角度」出發的第四種脈絡。

與上文介紹的海圖或海疆圖不同，這些「營汛圖」普遍只有手掌大小，方便海員官將隨身攜帶。和規模較大的輿圖有別，這些營汛圖主要聚焦個別海域，諸如浙江昌石（見圖1-7），或者溫州平陽近前的洋面（見圖1-8）。這些「營汛圖」的另一個特色，在於繪圖者會根據海島的位置、水流的方向，甚至是一些島嶼上的名勝去分劃「內海外洋」。[18]如是

16《欽定大清會典則例》，載《四庫全書》（上海：上海古籍出版社，一九八七），卷一一五，頁四八。

17《世宗憲皇帝硃批諭旨》，載《四庫全書》，卷一二六之二十三，頁三六。

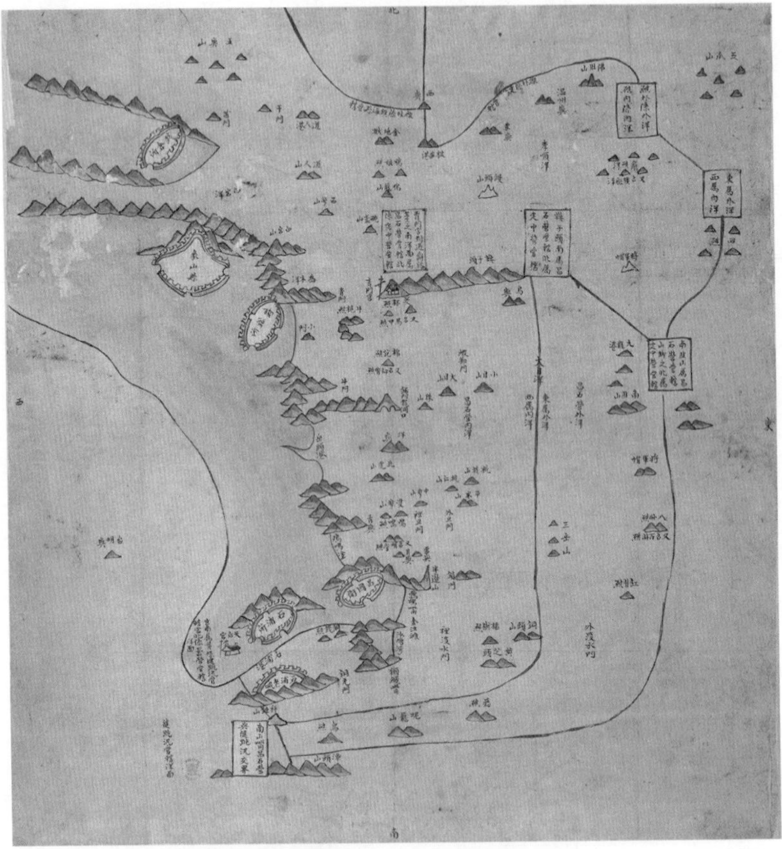

圖 1-7 《昌石水師營內外洋輿圖》

者，我們看到的，往往不是一條簡單的直線，分出內海和外洋；洋面大多會被切割成多個方塊，甚至是不規則的形狀，標示不同的轄區。分割這些水域的原因，無非就是要有效說明，在「地方管治的角度下」，內外洋的劃分如何，地方水師的職責何以區分。萬一洋面有事，自然有據可依，不致各執一詞，有理說不清。

18 王宏斌也有相似的結論。他認為自雍正朝之後，中央已諭令各省劃分內、外洋的管治範圍，當中的基本原則，就是「凡靠近海岸或縣治所島岸的島嶼和洋面，均劃入內洋」。見其《清代內外洋劃分及其管轄權研究》，頁一二。由此思之，儘管沿海省分在規劃內洋實際距離方面，沒有一致的標準，但我們至少可以有一個概念：內洋的覆蓋面，大多包含離岸海島周邊的水域。換句話說，如果我們對不同省分的海岸與沿岸島嶼距離作一個綜合統計，理應可以得出一個平均值，估算出內海的面積大致若何。相信這也是一個比較科學的方法。

圖 1-8　《平陽營沿海界址圖》

小結

從以上四大脈絡可見，清政府在治理海疆的時候絕非一籌莫展。他們以內海外洋的空間概念，有效地設計和實施了一系列針對海事邊防的政策，務以鞏固海疆，促令「鯨鯢翦盡，海不揚波」[19]。雖然這種「內外模式」看似複雜多變，但卻並非無據可依。相對塞爾登、拜根霍克等西歐學者對海疆的劃分理論，內海、外洋的概念或許未及完善，但它卻成功展示清代中國在十八世紀對其內海的認可和管治權，且以之為藍本，模塑出籌海防邊的邏輯和策略。這種對海疆主權的宣示與治理態度，無疑是前近代時期一種帝國性的彰顯。當然，單憑一個概念框架，斷不足以有效論證這種帝國性；就此，我們有必要配合緊接其後的幾個章節，進一步強化本書預設的題旨。

19 引文見周維強，〈鯨鯢翦盡、海不揚波——阮元與嘉慶朝海防〉，《故宮文物月刊》，第三九九期（二〇一六年），頁五二—六五。

第二章

伐木造船

康雍年間在臺的戰艦修造與樟木採辦

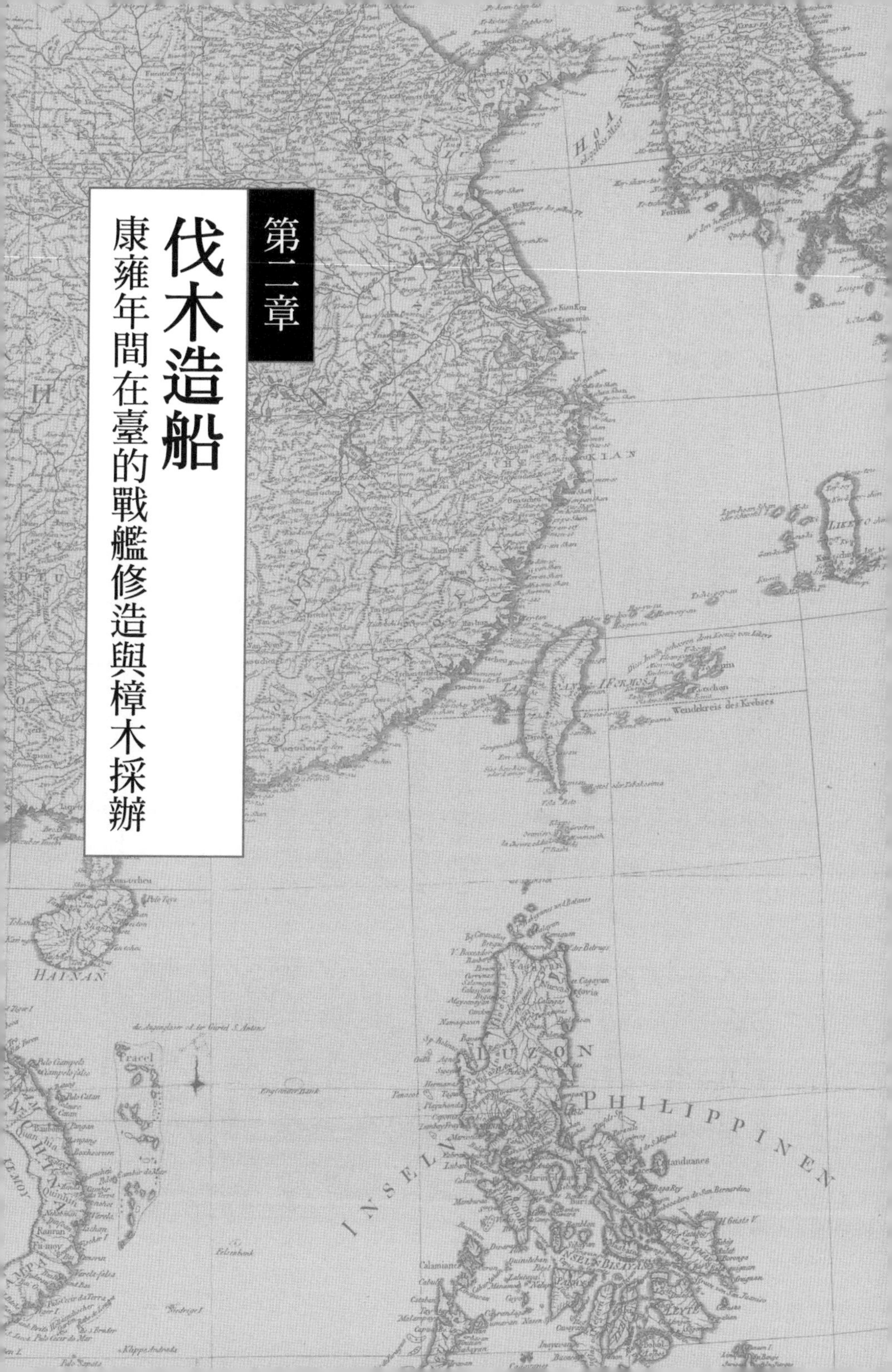

在「蒸汽船時代」以前，戰船修造與採木工業的關係密不可分。活躍於雍正年間，對海事多有涉獵的學人藍廷珍（一六六四—一七二九）便曾言道：「採取木料，修造戰船，為軍務所必需。」[1]至於戰船的戰鬥力、機動性與遠航能力，大多取決於木植的優劣良窳。十八世紀的維多利亞王朝，便曾因為受制於拿破崙的大陸政策，不得已遠渡渥太華森林，取木造艦，牢固它在英倫海峽與凱爾特海域（Celtic Sea）的軍事優勢。繡著諾曼人在十一世紀征服英格蘭始末的貝葉掛毯（Bayeux Tapestry），亦清楚記載諾曼工匠在挪威、丹麥一帶伐木造船的情況。（見圖2-1）

在東亞世界，當然也不乏砍木製艦的歷史經驗。早在戰國時代，吳楚爭雄三江，兩國交鋒中使用的「大艦」便由蘇杭一帶的堅實良木修成。這種「大艦」往後甚至演進為耗木更甚的軍、商用樓船。漢武帝元鼎四年（西元前一一三年），《史記．南越列傳》便載述：「時欲擊越，非水不至，故作大船。船上施樓，故號曰『樓船』也。」[2]樓船之所以耗費木料，原

圖 2-1　貝葉掛毯

因在於它的面積龐巨，長可近三十米，高達二十八米；主要由杉木與松木合建而成。由於古人大多相信，船身闊大且深的戰船擁有較高的穩定性，故此修造樓船便能浮海淩波，不畏風濤。西晉王濬（二五二—三一四）受命興兵伐吳，為了令軍船穩定不傾，如履平地，便下令大造樓船，廣伐木植，蔽江而下。劉禹錫（七七二—八四二）曾有詩云「王濬樓船下益州，金陵王氣黯然收。千尋鐵鎖沉江底，一片降旛出石頭」，[3]便是憶述西晉樓船怎樣克服波濤，交戰孫吳的一幕歷史。

直至十五世紀，經過宋元以來的海事發展，明代伐木造艦的記載不勝枚舉。朱元璋（一三二八—一三九八）定都南京後，由於都城接近大江，直通汪洋，不論是四方往來的海洋商賈，還是專責防守的水師軍旅，也需要依賴大大小小的船舶。故在洪武初年，浙、閩商人已開始大規模地伐木為舟；明太祖亦在龍江設立造船廠，在華南一帶大量砍伐林木。[4]成祖永樂三年（一四〇五），三寶太監鄭和（一三七一—一四三三）奉命出使西洋，船隊的三百多艘寶船、馬船與糧船，亦是取材廣東、廣西和貴州的林區，以致華南各省的林被面積大幅銳

1 引文見藍鼎元，《東征集》（臺北：臺灣銀行經濟研究室，一九五八），頁三三。
2 司馬遷，《史記》（北京：中華書局，一九五九），卷一一三，〈南越列傳〉，第五十三，頁二九六七。
3 劉禹錫，〈西塞山懷古〉，載其《劉夢得文集》（上海：上海古籍出版社，一九九四），卷四，葉一上—下。
4 詳參李昭祥，《龍江船廠志》（南京：江蘇古籍出版社，一九九九），卷一，〈訓典志〉；卷二，〈舟楫志〉。

減。[5]不過，雖然記述明代伐林造船的例子比比皆是，但資料大多散見於子部與集部，敘說頗為零散。究其原因，無非由於明政府未有就修船造艦方面頒訂完善的則例與制度，亦未設專司筆記修船本末，以致後人難於窺視全豹。

清代的修船則例

相較明代而言，清政府便有其則例，記載亦相對仔細；舉凡船舶用料、尺寸規格、修造費用與水手船工等，皆有詳文監訂，規章指引清晰。與此同時，清廷也了解木材品質對於戰船航速、平衡與耐久度等影響，定例毫不馬虎。以修造一艘軍用趕繒船的工序為例，按《欽定福建省外海戰船則例》的記載，所需材料大概由五十八種以至九十種不等，當中包括木材、釘鐵、灰泥和塗料。就一艘長七丈四尺、梁頭闊一丈八尺七寸、計二十一艙的繒船來說，船底的龍骨便需圍大六尺的優質松木，方能船定堅穩；至於梁座、梁頭，以至各大小船艙則需寬二尺、厚四寸的樟木一百八十三丈七尺一寸。其餘物料如釘鐵尚要三千一百斤，灰泥近十六種（諸如滕黃、藍粉、松香），以令船身遇水而不易朽腐。[6]（見圖2-2）

在修船所耗用的五十八種材料中，用木方面便高達三十四項，其中樟材獨占二十二種。

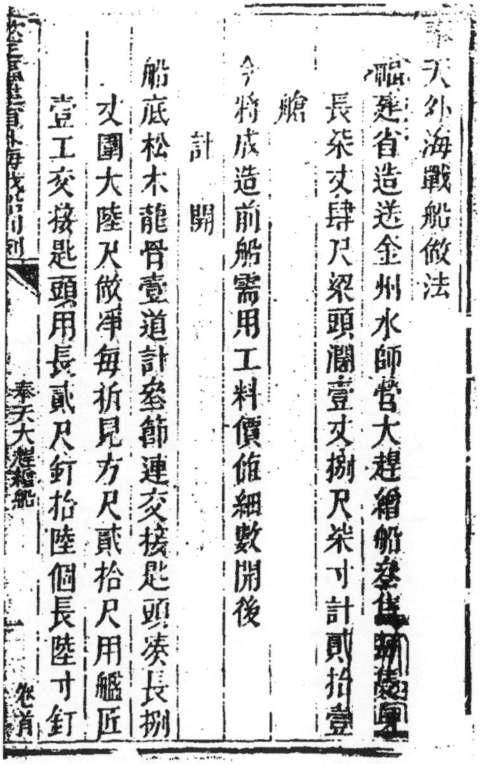

奉天外海戰船做法
福建省造送金州水師營大趕繒船[illegible]
長柒丈肆尺梁頭濶壹丈捌尺柒寸計貳拾壹
艙
今將成造前船需用工料價值細數開後
計開
船底松木龍骨壹道計叁節連交接匙頭湊長捌
丈圍大陸尺做淨每折見方尺貳拾尺用艌匠
壹工交接匙頭用長貳尺釘拾陸個長陸寸釘
欽定福建省外海戰船則例
奉天大趕繒船
卷首

圖 2-2 《欽定福建省外海戰船則例》書影

除了上述提及的梁頭、梁座與船艙外，劉良璧（一六八四—一七六四）在《重修福建臺灣府志・卷十・兵制》便詳細列出樟材用於繒船的各部分，其中包括「桅座、含檀、鹿耳、斗蓋、上金、下金、頭尾禁水、頭尾八字極、杠罩、彎極、直極、繚

5 有關鄭和下西洋所動用的人力與物力，可閱孔遠志、鄭一鈞編撰，《東南亞考察論鄭和》（北京：北京大學出版社，二〇〇八），頁五七一—一四七；又有關鄭和出使海洋始末的史料（包括《太宗實錄》與《宣宗實錄》等），見趙令揚、陳學霖等編，《明實錄中之東南亞史料》（香港：學津出版社，一九六八年〔上冊〕、一九七六年〔下冊〕）；陳得芝，〈鄭和下西洋年代問題再探——兼談鄭和研究中的史料考訂〉，載北京師範大學史學研究所編，《歷史科學與理論建設：祝賀白壽彝教授九十華誕》（北京：北京師範大學出版社，一九九九），頁二六〇—二七五。

6 《欽定福建省外海戰船則例》（收錄於《臺灣文獻叢刊》〔臺北：大通書局，二〇〇〇〕，第一二五種），卷首，〈奉天外海戰船造法〉，頁一—二，二一。

牛、尾穿梁、大轉水、車耳下株、屈手極、通梁、托浪板、門枋及樟枋」；[7]而船料中的托浪板、桅座、通梁均關係到船舶的整體結構，換言之，要選用適合的樟木製艦，方能修造一等兵船，穩妥地固禦洋面。

由於木植種類關乎兵船的性能和戰鬥力，所以康熙在籌建海軍時已設立軍工料館，專責木材與其他船料的採辦工作。館中負責購置木植的官員為「軍工匠首」，對山林物產有一定的支配權。[8]正如前段所述，由於造船除了依靠樟木外，還需賴以杉木、松木、相思木與檀木等，故軍工匠首便有責任採辦不同木植，以供船匠修造戰艦。據曾任署理蘇州巡撫印務的王璣記述，在康雍時期，「油鐵各項出自江楚；杉、松、樟多取自閩、粵與臺灣」，[9]可見臺灣是提供樟材船料的重要區域。不過，在探討盛清政府在臺島採樟造船的沿革前，我們有必要對臺灣樟樹的品類、分布等背景資料有所了解。

樟樹與臺灣

樟樹（Cinnamomum camphora [Linn.] Sieb.）屬暖林帶樟科喬木，樹身高大且堅實，木料可製船建屋，膏脂能熬煮樟腦，是臺灣的主要樹種。[10]在臺灣可見的樟樹約有十五屬，五十類，主要分布於海拔一千八百公尺以下的下淡水、彰化等地。[11]有關臺灣樟林繁茂的記載，在清代的縣、廳、府志俯拾即是。《諸羅縣志》便有紀錄謂：「樟；大者數抱，四時不凋，枝葉扶疏，垂陰數畝。」[12]《鳳山縣志》亦云：「樟；即豫章也。大者數抱，歲寒不彫，久年即內腐而中虛，不堪成材。」[13]同治朝的《淡水廳志》更對樟樹的種類、用途與地理分布逐一列明：「樟有赤樟、粉樟，內山（以淡水為中心，新竹、苗栗一帶的木林便

7 劉良璧，《重修福建臺灣府志》（收錄於《臺灣文獻史料叢刊》〔臺北：大通書局，二〇〇〇〕，第二輯，第二十三卷），卷十，〈兵制〉，〈附船政〉，頁三二六。

8 有關「軍工匠首」的研究，可閱陳國棟，〈「軍工匠首」與清領時期臺灣的伐木問題〉，《人文及社會科學集刊》，第七卷，第一期（一九九五年），頁一二三—一五八；程士毅，〈軍工匠人與臺灣中部的開發問題〉，《臺灣風物》，卷四四，第三期（一九九四年），頁一三—四九。

9 王璣，〈奏為戰船宜歸營修據實直陳〉，載《雍正朝硃批諭旨》，第三函，〈王璣〉，葉一〇下。

10 Hirota, N. and Hiroi, M., "The Later Studies on the Camphor Tree: On the Leaf Oil of Each Practical Form and its Utilisation," *Perfumery and Essential Oil Record*, vol. 58 (1967), pp. 364-367; Lawrence B. M, "Progress in Essential Oils," *Perfumer and Flavorist*, vol. 20 (1995), pp. 29-41.

11 劉寧顏總纂，《重修臺灣省通志》（南投：臺灣省文獻委員會，一九八九），卷四，〈經濟志〉，〈林業篇〉，頁八八。

12 周鍾瑄，《諸羅縣志》（收錄於《臺灣文獻史料叢刊》〔臺北：大通書局，二〇〇〇〕，第一輯，第十二卷），卷十，〈物產志〉，〈木之屬〉，頁二一七。

13 陳文達，《康熙鳳山縣志》，載《臺灣文獻叢刊》（臺北：臺灣銀行經濟研究室，一九六一），卷七，〈風土志〉，〈物產〉，〈木之屬〉，頁一〇五—一〇七。

圖 2-3　美國駐廈門公使李仙得

屬內山）最盛，軍工需採……宜於雕刻，氣甚芬烈，熬其汁為腦，可入藥。」[14]道光時期的《清一統志臺灣府．山川章》也載述：「半線山：在彰化縣東。舊志：在廢半線司東，美田疇，利畜牧，產樟栗可造舟楫。」[15]事實上，乾隆年間重修的《臺灣縣志》，道光朝的《彰化縣志》與《噶瑪蘭廳志》等地方史料也相繼提及樟樹木林，且列舉其種類、屬性與分布概況，然這些資料的記敘相似，在此不再贅說。

至於由洋人書寫的文本方面，同治年間派駐廈門的美國公使李仙得（或譯李讓禮、李喜得；C. W. Le Gendre）亦曾在其〈論樟腦一種〉中記述他對臺灣番物的所見所聞，當中也不乏對樟樹的記載，文曰：「樟腦樹生於內地至麥庫里（即今六龜）止，噶瑪蘭（宜蘭）兼有之。居臺灣中段之下甲人，皆以製造樟腦為業。」[16]（見圖2-3）另一方面，雖然部分官修史籍未有採用「樟樹」、「樟木」等詞，但若仔細考其描述，亦不難發現其意實指樟木。比如黃叔璥在其《臺海使槎錄》中提及諸羅知縣周鍾瑄（一六七一—一七六三）的報告時便表示：「估修船料，悉取材於大武郡社。山去府治四百餘里，鋸匠人夫日以數百計，為工須數閱月。」[17] 周氏言及的大武郡社乃現在彰化縣社頭鄉一帶，此處有一八卦山，在清初時期樟林密布，古柏森然，相信黃叔璥所指的修船用料，便是八卦山上的樟材。然而，及至十九世紀中葉，由於砍木、熬腦日甚的關係，社頭鄉的木料數量隨年遞減，八卦山雖不致童山濯濯，但已難復昔日光景。

雖然樟木在臺灣中、北路一帶相對茂密，但這並不表示南路沒有樟材的供應。藍鼎元在《東征集》中述說朱一貴（一六九〇—一七二二）起事始末時，便表示屏東縣境也有民眾伐砍樟林的例子。在朱一貴事變後，閩浙總督覺羅滿保（一六七三—一七二五）曾上擬在南臺

14 陳培桂等纂修，《淡水廳志》（收錄於《臺灣文獻史料叢刊》，第一輯，第十八卷），卷十二，考二，〈物產考〉，頁三二〇。

15 穆彰阿纂修，《清一統志臺灣府》（收錄於《臺灣文獻叢刊》，第六十八種），〈山川〉，頁一二。

16 李仙得，《臺灣番事物產與商務》（收錄於《臺灣文獻史料叢刊》，第九輯），〈論樟腦一種〉，頁四〇。李仙得亦在報告書中比較日本和臺灣的熬樟技術，說明臺民「法極簡妙，不似日本之鈍也」；且在文後附上臺民「製樟腦爐」的圖式，詳述熬樟之步驟（頁四〇—四二）。

17 黃叔璥，《臺海使槎錄》（收錄於《臺灣文獻史料叢刊》，第二輯，第二十一卷），〈番俗六考〉，頁一〇八。

厲行嚴格的封山措施，消除反清亂黨暗匿山林之弊；但藍鼎元對此事極力反對，他認為：

> 鋸板抽藤，貧民衣食所係。兼以採取木料，修理戰船，為軍務所必需，而砍柴燒炭，尤人生日用所不可少。暫時清山則可，若欲永遠禁絕，則流離失業之眾，又將不下千百家，勢必違誤船工，而全臺且有不火食之患。[18]

雖然藍氏表陳的意義在於力保臺民在山林的利益，但他言及「採取木料，修理戰船」，便明顯與伐樟造艦有關，於此便能反映臺灣南路亦見樟樹之實況。其後，朱仕玠（一七一二—？）在乾隆三十年（一七六五）也對藍鼎元的觀察作出補充，其《小琉球漫誌》便嘗描述屏東縣南一百四十里的瑯嶠山：「東北聯山，西南濱海。山多巨木，今造海船軍工匠屯駐其地。」[19]朱氏所言及的「巨木」，估計亦是泛指樟木。由此可見，在朱一貴之亂爆發前，臺民已在鳳山、屏東一帶砍取林木，鋸板抽藤；清廷亦開始採辦樟木，造船製艦；而在雍、乾時代，伐林情況仍然存在，足資證明臺灣南路的樟木採伐與民生經濟、修造兵船等事宜一直環扣相連。[20]

在臺伐木修船的沿革

在康熙征臺後，臺灣正式歸入清朝版圖。雖然朝野多有議論表示「臺灣孤懸外海」，無關治國宏旨，但事實上，康熙並沒有全盤放棄臺、澎一帶的海事兵防。即使他曾有「棄臺島而不守」的念頭，他亦未曾摒棄臺灣海峽的海疆守備。究其原因，無非由於閩海一帶的海洋貿易「有益於生民」。[21]康熙認為，海貿蓬勃方能令「東省（沿海）」一帶安定無事；而要令海上商貿往返無阻，便需削平盜寇，嚴巡海疆，促使「海不揚波」，安邦利民。[22]換言之，有論者謂康熙征臺後，對臺灣、臺海不太重視，並僅以一種「被動式」的炮臺防守抵抗倭賊

18 藍鼎元，《東征集》（收錄於沈雲龍主編，《近代中國史料叢刊》（臺北：文海出版社，一九七六），第四十一輯），卷三，〈覆制軍臺疆經理書〉，頁一〇三。

19 朱仕玠，《小琉球漫誌》（收錄於《臺灣文獻史料叢刊》，第一輯，第八卷），卷三，〈海東紀勝〉下，頁二九。

20 有關軍工匠伐木的地點，可參陳國棟、李其霖、陳秋坤、簡炯仁等人的研究。

21《內閣起居注》，〈康熙令酌定海洋貿易收稅則例〉（康熙二十三年六月初五日），載中國第一歷史檔案館，《明清宮藏中西商貿檔案》（北京：中國檔案出版社，二〇一〇），卷一，頁一二七。

22《內閣起居注》，〈康熙議准海上貿易〉（康熙二十三年七月十一日），載中國第一歷史檔案館，《明清宮藏中西商貿檔案》，頁一二九。

等語，或許未盡中肯；若輒論康熙只籌福建沿海一帶的陸岸防務，重陸輕洋，這亦有所偏頗。

其實，觀閱清代的硃批檔案與皇朝實錄，我們不難發現清政府自康熙二十一年（一六八二）已著力投放資源製船造艦，編修水師，定期巡邏東亞海域。[23]而其籌海經略與會哨制度更比明季以來的海防方針更進一步。有別於明成祖（一四〇二—一四二四）以後「棄守海島」、依賴「炮臺衛濱」的海洋政策，[24]盛清政府一方面適度地調整內海邊陲的洋面空間，另一方面則致力秉持一種「海陸聯防」的守備模式。所以嚴格而言，十八世紀的清皇朝並沒有恪守一個棄海務而單重西北拓邊的「政治藍圖」；它所追求的，是一個能夠在管治上平衡中亞邊陲與海洋邊疆的大帝國。要證明康熙以至乾隆年間，中央已積極治理內海，監巡洋面的例子有很多，[25]但礙於篇幅所限，本章只會聚焦在臺採木造艦這方面而已。

康熙早在一六八四年已於臺、澎設立水師營，由臺灣、澎湖水師副總兵詹六奇（？—一六九二）統領，負責監控閩海一帶的水寇與臺灣的前明餘黨。[26]但當時在臺澎的標營戰船，多由內地廳員修造，臺灣只是提供樟木、藤、麻（用於索具）的原材料區。直至康熙三十四年（一六九五），為了減輕福建沿海一帶的造船壓力，並且改善戰船經常逾期竣工等問題，康熙遂頒敕上諭云：「（臺、澎戰船）尚可修整而不堪駕駛者，內地之員辦運工料赴臺興修。」[27]自此，臺灣除了提供樟木等材料外，亦在中、北部設置造船廠（不過，這並非正規的軍工廠），協辦造船，是以「內地各廠員多力分，工料俱便，不煩運載，可以剋期報

竣」。[28]在康熙的諭令下達後，臺、閩兩地分力造船的規模的確有增無減，而閩海一帶亦慢

---

23 可參〈平定羅剎方略稿本・康熙帝命寧古塔將軍巴海修造戰艦記載〉（康熙二十一年十二月十六日己丑），載故宮博物院明清檔案部編，《清代中俄關係檔案史料選編》（北京：中華書局，一九七九），第一編，上冊，頁四九；〈福建水師提督施世標謹奏為據實陳奏・奏陳調度補修船隻礮械事〉（康熙五十二年四月十一日），載國立故宮博物院編，《清宮中檔奏摺臺灣史料》（臺北：國立故宮博物院，二〇〇一—二〇〇二），卷一，頁五〇—五二；〈兩廣總督楊琳奏摺・條陳海禁事宜〉與〈兩廣總督楊琳奏摺・出海民船通行編號〉（雍正元年七月二十六日）；〈兩廣總督孔毓珣奏摺・酌議廣東海防務〉（雍正三年十一月十五日），載中國第一歷史檔案館，《明清宮藏中西商貿檔案》，頁二〇九、二一九、二八五。

24 Jung-pang Lo, "The Decline of the Early Ming Navy," *Oreins Extremus*, vol. 5 (1958), pp. 149-168; Edward L. Farmer, *Early Ming Government: The Evolution Dual Capitals* (Cambridge, Mass.: Harvard University Press, 1976)；郭淵，〈《籌海圖編》與明代海防〉，《古代文明》，第三期（二〇一二年），頁六七—七三、一一三；宋烜，〈明代海防軍船考——以浙江為例〉，《浙江學刊》，第二期（二〇一二年），頁五〇—五八；董健，〈明朝登州海防建設概述〉，《南昌教育學院學報》，二〇一二年第五期，頁一九四、一九六；陳怡行，〈封舟與戰船：明代福州的造船〉，《政大史粹》，卷十一（二〇〇六年十二月），頁一—五四。

25 如李其霖曾以「清代前期沿海的水師與戰船」（國立暨南國際大學歷史學系博士論文，二〇〇九年）為題，說明康熙平臺時期，「水師重點以福建地區為主」；雍乾時代「水師部署〔方才〕『回歸常態』，重視各地均衡」；嘉慶以後，「廣東的重要性隨之取代福建成為海防重心」，且提出「清代的戰船發展，重速度，不重視船船大小」等分析，甚具參考價值。

26 見高拱乾，《臺灣府志》（南投：臺灣省文獻委員會，一九九三），頁七六。

27 黃叔璥，《臺海使槎錄》，卷二，〈赤嵌筆談〉，〈武備〉，頁三六。

28 同前注；另參劉良璧，《重修福建臺灣府志》，卷十，〈兵制〉，〈附船政〉，頁三二七。

慢成為建造、修繕戰艦的水師重地。[29]另一方面，由於修造戰船的工序繁瑣，且耗費不少，所以有關製艦修船的則例也漸趨嚴謹，所涉及的官部衙府亦逐層增加。按黃叔璥在《臺海使槎錄》的記述：「至康熙四十五年……（康熙）令其（臺灣）與福州府分修（兵船）。議於部價津貼運費外，每船捐貼百五十金，續交監糧廳代修其半，道、鎮、協、營、廳、縣共襄厥事。」[30]從以上引文看來，在閩、臺兩地分修戰船，在康熙眼裡並非無關痛癢的防務小事，反之卻是關乎帝國籌海固邊的軍國要務。

管轄戰船，羅列要工

及至雍正即位後，由於連接蘇、浙、閩、粵與直隸、山東一帶的海運航線與日遞增，海貿發展得以一日千里。[31]然而，隨著海運興起，海盜侵擾港市、掠劫商船的問題愈漸嚴重，當中以福建、廣東一帶的情況尤劇。[32]有鑑於此，直隸巡撫李維鈞，浙江巡撫福敏（一六七三－一七五六），福建總督劉世明，廣東提督董象緯等便先後上表，奏請雍正加強內海洋面上的軍事實力。相較康熙而言，雍正對於海疆的防務與控制更費心力。早在雍正初年，他已在硃批內明示「海洋緊要，實力為之」。[33]而他更屢番下令加強沿海水師「叅遊分地巡防」，且指示提督巡撫「竭誠宣力訓練撫綏，務令武備修整」。[34]

在雍正的籌海方略下，李維鈞等人的奏議很快便獲得批准。然要增強海軍實力，自然需要廣造戰船，引文中提及要整修武備，大概亦與建造船艦有關。雍正三年（一七二五）下

29〈巡視臺灣監察御史景考祥奏陳海疆情形〉（雍正四年五月二十日），載國立故宮博物院編，《清宮宮中檔奏摺臺灣史料》，卷一，頁六四五。

30 黃叔璥，《臺海使槎錄》，卷二，〈赤嵌筆談〉，〈武備〉，頁三六。

31 Huang Guosheng, "The Chinese Maritime Customs in Transition, 1750-1830," in Wang Gangwu and Ng Chin-keong (eds.), *Maritime China in Transition 1750-1850* (Wiesbaden: Harrassowitz Verlag, 2004), pp. 169-190; Kenneth Pomeranz, "Commerce," in Ulinka Rublack (ed.), *A Concise Companion to History* (Oxford: Oxford University Press, 2011), pp. 121-122.

32 有關海盜擾邊的情況時有奏報，如廣東巡撫楊文乾便在奏摺中說明廣東海海口「奸匪出沒」的問題（參其〈粵東盜賊甚多非他省可比摺〉〔雍正四年二月十二日〕，載《雍正朝硃批諭旨》〔京都大學文學研究科圖書館特藏〕，第二函，葉二一上）；兩廣總督孔毓珣亦報「洋盜擄秀山劫潮陽商船」等事（見〈奏為彙報擒獲洋盜事〉〔雍正四年五月二十八日〕，載《雍正朝硃批諭旨》，第一函，葉八五下—八六上）；鎮守廣州將軍石禮哈亦上表言及「海上強竊盜賊較之各省甚多」云云（參其〈奏謝在案伏思提督職〉〔雍正五年二月十二日〕，載《雍正朝硃批諭旨》，第一函，葉七八上—七九上）。

33 孔毓珣，〈修葺沿海礮臺營房事〉（雍正六年三月二十二日），載《雍正朝硃批諭旨》，第一函，〈孔毓珣〉，葉二六下—二七下。

34 見〈江南蘇松水師總兵官陳倫炯奏為外洋督哨期滿事〉（雍正十三年十月十五日），現存北京中國第一歷史檔案館藏朱批奏摺，檔號：04-01-30-0199-022。

句，兩江總督查弼納（一六八三—一七三一）遂建議在臺灣設立一所正式的軍工廠，修造戰船，用以巡轄洋面，肅清盜匪，並且嚴防日本的潛在威脅。[35]查弼納建議在臺自設總廠造船的原因很簡單，諸如上文所說，臺灣是樟材的重要出產地，而樟木又是造船的重要用料，故在臺設廠，外則能「通達江湖百貨（意指藤、麻、竹材（用於風帆）等工料）」，內則可「聚集鳩工辦料」。所以，在臺砍伐樟木，就地修造兵船，「皆屬省便之議」。按照查弼納在奏摺內的說法，只要中央每年派道員「監督領銀修造，再派副將或參將一員公同監視」，便能「務節浮費，均歸實用」。[36]故此，自雍正四年（一七二六）開始，部分監巡臺、澎、閩海一帶的戰船便併歸臺灣軍工廠修造，並由臺道、臺協互為督核。截至雍正十年（一七三二），由臺灣修造的繒船、走舸便近九十八艘，主要供臺灣及澎湖水師之用。[37]如是者，清廷對臺海洋面的軍事控制便逐漸加強，海盜擾邊的問題亦能略為舒緩。不過，由於修船規模擴展的關係，臺灣一帶的樟林面積不免有所縮減；與此同時，臺島原住民對於官辦伐木的政策亦開始表現不滿，隨之而來的便是一系列的官民糾紛與衝突。

巨材所生，崇崗絕箐

臺灣雖屬樟林茂盛之地，但在臺灣伐木修船並非毫無阻礙。先不討論上文提及官方辦木與原住民的摩擦和衝突，僅就採伐樟樹一環，在技術上已有一定難度。由於樟樹體形高大，且多長於內山林區，要遣員砍伐必須攀山越嶺，並不容易，所以趙爾巽（一八四四—一九二七）便有「巨材所生，必于深林窮壑，崇崗絕箐，人跡不到之地，經數百年而後至合抱」[38]的敘說。此外，周鍾瑄亦曾詳述採樟工程「勞民傷財」的原因，他表示：

> 鋸匠人夫日以數百計，為工須數閱月；每屬工人俱領官價纔十餘兩，尚不足支一日之費。凡食用雇夫等項，每匠勻派以補不足；工完方止。此為工匠之苦。工料辦齊，郡縣

---

35 署理江南江西總督范時繹在雍正年間已注意到日本有意犯海疆的問題。他在奏摺中提及：「日本不甚安靜，頗有蹤跡，不惜重貲聘中國人教習弓箭籐牌，偷買盔甲式樣，打造戰船二百餘號，操練水師，聘一杭州武舉教射……」見其〈據淮揚道報稱奏聞事〉（雍正六年八月二十二日），載《雍正朝硃批諭旨》，第一函，〈范時繹〉，葉六七下—六九上。

36 查弼納的建議收錄在劉良璧，《重修福建臺灣府志》，卷十，〈兵制〉，〈附船政〉，頁三二七。

37 周凱，《廈門志》（南投：臺灣省文獻委員會，一九九三），頁一五三。

38 趙爾巽，《清史稿》（北京：中華書局，一九七七），頁九九〇三。

檄催，每縣約需車四百輛，每輛計銀三兩五錢，照丁派銀，保大丁多者每丁派至三錢，保小丁少者派四丁一輛，是每丁出銀八錢。合計三縣共派四千有零。所領官價，纔每屬三十餘金。此為里民之苦。至重料悉派番運；內中如龍骨一根，須牛五十餘頭方能拖載，而梁頭木舵亦復如之。一經興工，番民男婦，日夜不寧。計自山至府，若遇晴明，半月方至，此為番民之苦。今歲估修不過數隻，害已如此；若明歲大修三十餘隻，臺屬遺黎恐難承受，不去為盜，有相率而死耳！[39]

根據周氏所言，伐樟造船不僅耗用人力，並且所費不菲；而工匠、里民、原住民亦各有難處，自有苦衷，足見採樟辦木殊不簡單。其實，早在周鍾瑄述說採樟的難度前，《重修臺灣府志》已記載臺灣知府周元文說明臺島辦樟、運載之難。周氏在〈詳情臺屬修理戰船捐俸就省修造以甦民困初詳文稿〉中有云：

臺郡僻在海外，百物不產，一切木料以及釘鐵、油、麻、風帆、棕、絲等項盡須遠辦於福州，紆回重洋，腳價浩繁；又有遭風飄失之虞。即採買之各料概係零星搭運來臺，一物不到，不能興工；及至到齊，不可以日月計算。其在臺採買樟料，則苦於鋸匠稀少，不能卒辦；且入山逼近野番，最慮生釁。而山多鳥道，先需肩運出山，方可車運至

> 廠，亦必經月而後至。今以十五船之樟料，實屬萬難。況扣至興修之期，正值農忙之候；勢必重奪農時，荒工失業，於民又為苦累。卑府既稔知種種艱虞，情愿捐資賠墊，委員前赴福州省城照依原船丈尺從新打造，庶於軍工不致遲誤。惟是打造船隻，例應該營委員協同監造。其堪駕駛之船，仍令一例駕至省城；其不堪駕駛之船，即就近在臺變價。至於造完之後，亦應照依駕赴福廠之例，監造之員出具收管，領駕回營。伏祈憲臺俯賜轉詳，檄行該營委員赴省協同監造；並帶領舵水於竣工之日領駕回營。則頂戴憲恩於無既矣……況出樟處所逼近傀儡生番，最易搆釁。是此樟枋一項，雖非涉海遠購，其挽運之艱難、腳費之浩大，比購之內地更屬萬難。[40]

周元文的建議雖然有其論點，但其中亦不免缺漏。首先，他輒言臺灣「百物不產」，顯然是對臺灣的風土民情觀察不足；[41]其次，周氏亦低估了以陸路運木的風險。即使清政府能

39 周鍾瑄的原文尚未找到，然上述引文則可見於黃叔璥，《臺海使槎錄》，〈番俗六考〉，頁一〇八。

40 周元文，〈詳請臺屬修理戰船捐俸就省修造以甦民困初詳文稿〉，載其《重修臺灣府志》（收錄於《臺灣文獻史料叢刊》，第一輯，第三卷），卷十，〈藝文志〉，頁三二八。

41 單看上引《淡水廳志》，《臺海使槎錄》，《諸羅縣志》，《臺灣番事物產與商務》等史料中的〈風物〉、〈物產〉等章節，足資證明臺灣並非「百物不產」。

在雲南一帶以車輪搬載適合木植，其難度也不一定比在臺灣內山挽運樟木至造船廠，繼而就地造船為低。所以周元文雖然準確指出伐樟之難，但卻未有點明解難之法，他的建議未被康熙全數採納自然不足奇怪。事實上，雖然內地有足夠樟木得以製造戰船，但由於福建船廠（漳州、泉州及福州）每年造船的數量有限，故在臺灣設廠分擔，又或者就近製造是有其必要的。所以在雍正時期，軍工料館便正式設於臺灣南北路，負責木材的處理工作；木料經過剪材後，工匠便會將其運往臺南船廠，用於戰船的製造或繕修。

「番民」的頑抗

在臺伐木造船倍添困難的原因，亦包括臺灣原住民的武力抵抗。自雍正六年（一七二八）開始，由於原訂在界內山場的樟林已砍伐殆盡，雍正八年（一七三〇）遂議訂移遷「生番界外」（如糞箕湖）一帶採辦木植。[42]然而，官方斧鉞所到之處，原住民屢多負嵎頑抗，力保林被。據巡視臺灣御史覺羅栢修與巡視臺灣給事中高山的記載，在雍正內遷山界後，採木工匠被亂箭傷殺之事時有發生：計有軍工匠首陳勳於雍正十年被殺；次年十一月亦有匠人鄭恭、車夫郭有明進山鋸板時被「生番」放箭射傷。同年十二月初五，在加六堂一帶也據報通事盧賜、曾仲奇團隊在前往軍工寮廠時被「番民」狙擊。僅數日之後，弓役洪德奉命檢查鳳山木廠時，亦突遇「生番」亂箭射倒。[43]類似的例子尚多，恕不贅舉。

但無論如何，因為伐木取材而造成的武裝對抗，無疑加深了軍匠工人入山採樟的壓力。即使中央政府多番增遣兵力，加強巡邏，但鑑於原住民久居山林，熟悉地貌，形蹤多變，營汛衛兵大多難以敉平滋擾，緝凶結案。如是者，覺羅栢修和高山便連署上表，奏請臺海兵船撥歸廈門、福州兩廠按期修造；樟木則從閩省延、建、邵三府的林區種植採伐。根據覺羅栢修的建議，由於福建內陸一帶在近年復殖情況理想，故從內陸林區砍伐木植後，沿溪順流省城，再由官民裝運出海送至造船處，雖有風險，卻可避免「生番」襲擊，「得永寧謐」。其後高山再補充，如果中央已明文頒令不再滋擾「生番」居地，但「生番」等「通事奸民」依舊越界度域，襲擊官民，查拏以後只要嚴加懲處，自然不致國法有誤，民心不穩。

42 見「巡視臺灣陝西道監察御史」覺羅栢修與「巡視臺灣兼理學政兵科掌印給事中」高山的〈奏為敬陳軍工船隻宜歸內地修造〉摺（雍正十一年三月初二），載國立故宮博物院編，《清宮宮中檔案奏摺臺灣史料》，卷二，頁二三三一。

43 同前注，頁二三三一—二三三三。

「番民轉賣」

雍正細閱栢修與高山的奏章後，大致認同匠役深入林區採取木植，的確「易生事端」。[44]就此，他在一七三三年八月三十日隨即頒發上諭，表示部分戰船暫且撥歸內地修造，以達「息事寧人」。然而，雍正並沒有因此而放棄臺灣的林植資源。他在諭文中指出：「朕思，番社產木既多，若令番民自行採運，赴官售賣，按數給與價值使之獲利，又無騷擾，伊自樂從。」[45]顯然，雍正認為臺灣的巨材樟木，依然是建造兵船不可或缺的要料。他深信只要透過「番民轉賣」的方法，不出時日，定能解決官民衝突的困局。如是者，他在准行覺羅栢修的建議後，便多番派遣巡臺使、地方督撫赴臺試行「番民採運木植轉賣官府」的計畫，希望一方面能適度在臺取木造船，另一方面可以安撫臺灣林區的原住民。[46]

雖然「戰船撥歸內地修造」的建議能縮減在臺伐林的規模，亦能舒緩臺灣原住民的不滿，但由於漳、泉每年造船的數量有限，成果始終不敷應用。而樟木由原住民採辦後，要經歷「洪濤怒浪」方能抵達內地的造船廠，風險難以估算。有鑑於此，福建總督郝玉麟（？—一七四五）遂聯同福建巡撫趙國麟（一七〇九年進士），在雍正十二年（一七三四）五月二十二日共同上表，奏請臺海戰船再次撥歸臺灣就地修造。

他們認為，閩省的樟木不僅在數量上不及臺灣，其素質也略有分別；如要有效率地修建和維護兵船，便需要再次廣開臺灣樟林，砍木取材。[47]至於有關潛在的原漢衝突，郝、趙二人經了解後表示，「番民」從前之所以多次射殺軍工，是由於部分軍匠沒有遵守協約在指定林區內伐林熬腦，並且私自潛至採木區以外捕殺鹿群、盜取「番民」藤產所致。但在「番民轉賣」政策推行後，鑑於官員和「生番」在買賣樟材時大多奉公守法，「番民」對中央的信心亦逐漸恢復。然則，只要官府現在重新與「番民」約法三章，「官番衝突」的問題自必迎刃而解。

44 中國第一歷史檔案館編，《雍正朝漢文諭旨匯編》（桂林：廣西師範大學出版社，一九九九），第八冊，〈雍正十一年八月三十日上諭〉，頁二九八。

45 同前注。

46 事實上，清廷對臺灣原住民族群，大多以安撫和保護的政策為依歸。除非萬不得已，才會考慮用兵進剿。相關討論見呂實強、許雪姬，〈清季政治的演進：制度政治與運作〉，載臺灣省文獻委員會編，《臺灣近代史．政治篇》（南投：臺灣省文獻委員會，一九九五），頁四〇。

47 郝玉麟、趙國麟，〈奏為臺灣戰船仍應臺廠修造〉（雍正十二年五月二十二日），載國立故宮博物院編，《清宮宮中檔案奏摺臺灣史料》，卷二，頁三六七七。

在維持「番民轉賣」政策的同時，郝玉麟認為也有必要優化這項採辦計畫。根據郝氏的觀察，由於「番民」「習性蠢頑」，在量度木材尺寸時經常誤度準繩，以致船料大小不一，加工困難。為了解決這問題，郝氏遂建議在採木之前，府縣應先行在閩海一帶延聘專業工匠伐砍木桸。但在入林採木之前，先要令「番民」逐一認識，以示尊重。此外，軍工匠首也需要與「番民」說明每月砍伐木植的範圍和數目、公平議定在伐木過程中的分工和報酬。另一方面，由府縣篩選的匠工，也需要在冊簿上留各結狀，承諾「不許額外多伐一木，多帶一人及越界砍伐」。[48]在臺哨兵亦須加緊巡邏林區，嚴防工匠私自釣鹿取藤，滋擾「番民」；如搜捕違法者，即逮送府衙，克日定罪。

由於郝玉麟的建議較覺羅栢修與高山等對策更中要弊，雍正隨即頒令臺澎兵船重歸臺島修造，軍匠亦需依照郝氏的則例與原住民和衷合作。自此，下淡水、鳳山、彰化一帶的樟林區便得以妥善開發，原住民與工匠的關係也有所改善。雖然仍有部分原住民為了保護林木而傷殺工匠，但相較雍正十年以前的衝突而言，情況已經大有不同。而這種採辦樟木的模式，更一直延續至乾隆晚期，臺澎軍工廠碑記鼎建以後也未有顯著改變。易言之，在清代內憂動亂相繼爆發前，在臺灣一帶取樟造船，以期「整頓海疆重地，綏靖地方（特別指閩粵一帶洋面）」的方略，並沒有在當時的治國藍圖上消失。[49]

不過，雖然中央有明文禁止軍工匠首與其他小匠擅自橫越「伐木番界」，但倘若匠首借託「墾照」之權，藉口消除地面林木，這便不受上例約束。如是者，林木被砍伐以作私用的情況在乾隆年間一直有增無減。閩浙總督楊應琚（一六九六—一七六六）遂於一七五八年上奏，陳述軍匠沒有遵守約法的問題：「採辦戰船木工，一匠入山，帶小匠多名，濫伐木材。應按年需木數，覈定匠額，令該地廳、縣給印照、腰牌，嚴加管束。」[50]楊氏旨力打擊的，

48 同前注，頁三六八三—三六八六。

49《大清高宗純（乾隆）皇帝實錄》（臺北：新文豐出版公司，一九七八），卷一三九，〈三月二十二日（丁亥）〉一節便載述：「工部議准：『閩浙總督宗室德沛奏：桅木為戰艦首重，購買艱難、挽運不易，委任微員恐致貽誤；請照雍正年間令各道採辦。』」至於臺澎軍工廠碑記，於乾隆四十二年立碑，位處現在的臺南市。重建軍工廠的原因是因為舊廠破舊侷小，遂選址擴建。石碑上的部分內容現選輯如下：「臺澎水師各營額設戰艦八十有一，分編平、定、澄、波、綏、寧等字號。巨者領運餉金，渡載戍士；次亦防守口岸，常邏洋面是資，蓋重務也。方今聖化熙洽，海宇又安，鯨波鯷浪之間，高艫大艑，所在閒置。然於無警之時，亦有不弛之備。是故有造有修，厥依年例，勿曠也；動帑於藩庫，稽覈於內部，勿浮也；慎乃攸司，法綦備矣。夫務重則欲其固而弗窳，法備則欲其循而毋失，是有賴典領者之惟此兢兢焉。從前，承造承修，每無常員；而專其任於觀察使，則自雍正三年始。督理既歸重臣，程功宜有定所；顧就海壖隙地，僅以庫屋數椽楮柱其間，趨事者罔所萃止，飭材者失所儲藏，即省試者亦臨蒞局促。於課工簡料數大端，無以施其精審，何怪乎兵胥因緣舞智、工匠乘此營私耶？……是役也，匪僅為侈規模、新堂構計也；蓋重其務，不能不舉所重以肅觀瞻；備其法，不能不申所備以昭守。雖以予謬權斯任，而軍國所寄，勿敢怠遑。用是籍手經營，庶幾少盡厥職云爾。是為記。」由此可見，乾隆對於海洋事故，洋面監控等事均未見鬆懈。即使海面「無警」，亦未有疏忽了事，縮減修造戰船的規模。

50《大清高宗純（乾隆）皇帝實錄》，頁五五九。另參程式毅，〈軍工匠人與臺灣中部的開發問題〉，頁一二七—一三〇。

便是軍工匠首利用律例空隙「巧弄權利」、「以公謀私」等劣德敗行。

為了解決軍匠無視定例的情況，乾隆隨即准行楊應琚的奏議，頒行「腰牌令」等對策，並且加強官兵在林區附近巡邏。即便政令雷厲風行，可惜軍匠與官兵卻不時互通勾結，知縣道臺又經常敷衍塞責，打擊成效不算顯著。如是者，中央遂於一七六三年再次頒發諭令，嚴格規管在臺匠首與小匠的數目，限定一名匠首最多只能攜同六十名小匠入林辦木，並在伐木之前登記身分。[51]然而，即使則例一再修訂，有鑑砍伐樟樹、熬腦轉賣的利潤可觀吸引，越界伐林的情狀仍然禁不勝禁。在「官辦伐林」與「私自砍木」的雙重壓力下，漢人與原住民之間的摩擦終究難以平息。

小結

十八世紀的清皇朝歷經康、雍、乾勵精圖治，南征北戰，方才成就一個疆土廣袤的洪業盛世。然而，正如我在〈前言〉所述，由於十九世紀的兩次鴉片戰爭，以及黃海大戰的慘敗，清帝國便常被標誌為海權上的怯懦弱者。而這一系列海戰敗跡，更彷彿將清代鎖定在一個與海洋關懷（maritime consciousness）和海戰觸覺（naval awareness）雲泥分隔的歷史空間，儼如一個只知關心陸戰，且依賴岸防守衛的大陸性國度。誠如艾爾曼（Benjamin Elman）所說：「整個清代歷史幾乎已被甲午戰爭的結果所主導，遂令我們錯過很多重要議題。」[52]另一方面，觀乎軍事史的研究領域，學者大多慣性採用一種「二元思維」，討論陸上霸權與海洋力量的歷史特徵與時代意義。在這種對立性範式下，我們不時產生一種錯覺，認為個別帝國一旦被標籤為陸上霸權，便很難具備海洋霸者的條件。雖然這種說法犯了非常基本的邏輯謬誤，但就目下所見，大部分圍繞中國十八世紀的帝國發展史，卻鮮見將兩種霸權特性作出「平衡討論」的例子。即使這種「邏輯謬誤」曾經引起學界關注，[53]但所得迴響卻非常有限。換而言之，採用一種「二元思維」去解讀海、陸霸權的範式和路線，依然影響著不少學者的研究取態與思考模式。

---

51 林春成校，《岸裡大社文書》（臺北：鯨奇數位科技有限公司，二〇〇六），頁一四五。

52 Benjamin A. Elman, “Naval Warfare and the Refraction of China’s Self-Strengthening Reforms into Scientific and Technological Failure, 1860-1895” (paper presented at the conference “The Disunity of Chinese Science” organized by the University of Texas, Austin), p. 34.〔經同意後引用〕

53 比如 Roderich Ptak 在討論盛清政府的邊防方略時，也刻意指出海疆領域在清代治國藍圖上的關鍵性，提醒讀者不要忽視盛清皇朝的籌海意識。見其編著的 *China and Her Neighbours: Borders, Visions of the Other, Foreign Policy, 10th to 19th Century* (Wiesbaden: Harrassowitz Verlag , 1997), pp. ix-x.

綜合以上分析，或許能解釋康雍時期的籌海政策為何未被充分重視。不論是研究十七世紀末期施琅平臺以後的一段海洋史，還是有關十九世紀清季海軍建設的著作，也不習慣延展或追溯盛清時代海洋策略的積極性與持續性。[54]不少歐美學者甚至認為盛清皇朝視海洋空間為「第三邊疆」，既不在乎，亦不著緊。透過了解清初伐木製艦的沿革和則例，我們可以理解，康雍政府的治國藍圖，是希望建立一個在治理上能夠平衡中亞邊陲和海洋邊疆的大帝國；他們不僅沒有鬆懈水師的素質與海事布防，更未曾由於征臺以後看似「海洋無事」而放棄海疆主權。事實上，康雍兩朝在籌海方面的心思與力度，在採辦木植、嚴訂則例、廣造軍艦用以巡哨海疆，在內海洋面上宣展勢力等方面均有章可循，明顯不是一鱗半爪的例子。不過，我亦必須強調，在聚焦清廷伐木製艦以分析其籌海方略的同時，我卻無意把康、雍政府與「海戰觸覺」的關係過度上綱與無限放大，且未嘗表示它們開拓中亞，遠征準噶爾的武力擴張無關時代宏旨。我的目的，無非希望填補這段時期有關伐木造船的歷史縫隙，幫助我們進一步了解清政府的海洋意識與其帝國性而已。

54 有關這方面的例子眾多，現僅舉數例如下：劉中民雖嘗說明清季水師有其淵源，但卻沒有提及十九世紀和十八世紀的籌海方略有何關係，見其《中國近代海防思想史論》（青島：中國海洋大學出版社，二〇〇六）；楊東梁在書寫福建水師的歷史時，也重點著墨在它的「覆沒」部分，且未有討論它在盛清政府的海洋方略下，地位若何，參其《大清福建海軍的創建與覆沒》（北京：中國人民大學出版社，一九八九）；戚其章在敘說清代海軍的沿革時，也只著重鴉片戰爭以後，清廷有感海疆重要方才大力興辦水師，詳閱其《晚清海軍興衰史》（北京：人民出版社，一九九八）；姜鳴雖有意重構自清初代以來的海軍史，但其論述卻明顯往清季百年的歷史傾斜，見其《龍旗飄揚的艦隊：中國近代海軍興衰史》；同樣地，John L. Rawlinson 在討論清代建造水師的歷史時，也彷彿未曾注意到鴉片戰爭以前，滿清政府對海洋軍事化所作出的努力。Rawlinson 遂總結清代之所以重視海疆主權，且有感海洋領域實關乎國家安危的原因，無非帝國主義時代從西歐而來的外力衝擊。見其 *China's Struggle for Naval Development, 1839-1895* (Cambridge, Mass.: Harvard University Press, 1967)。其他例子尚多，不贅舉。

第三章

建威消萌

清代東北的海洋軍事化

大約五年前，我有機會在北美開授一門題為「龍與海：中國與海洋」的專題課程。班上有華人學生，也有來自不同國家的本科生。記得第一課，我讓他們在紙條上寫出一個中國的沿海城市。大概有一半以上選擇上海，餘下的就填上廣州、廈門、香港和澳門，還有幾位標寫臺北。從上海到澳門，這些都是耳熟能詳的沿海城市，在海洋史上的地位無庸置疑。不過，如果我們仔細留意一點，這些城市皆位處東南沿岸，臨近南中國海。我在課堂上的這個小測試，某程度上也反映出一種「以東南中國為核心」、「南熱北冷」的傾斜。每當我們提及中國與海洋的關係時，讀者大多會把討論重心向南推移，聚焦東南沿海。至於上海以北，鄰近東北三省的海域，就彷彿沒什麼好說。

如果以上海為界，將中國沿海切割兩半，就我閱覽所及，直至去年為止，有近八成半以上的書目，皆以包括上海以南的地區為討論主題。反觀上海以北的黃渤海地區，在研究數量上，不禁相形見絀。[1]究其原因，無非中國東南沿岸在海貿與海事方面，也較東北海岸頻繁和豐沛。加上東南一帶，諸如廣東、福建兩省，在氣候、風向、水文、地理等方面，皆較其他地方和暖合宜，從事海貿活動的人數自然較多；借用清人藍鼎元的說法，當地「望海謀生者，十居五六」；[2]曾任兩廣總督的慶復（？—一七四九）亦有言：「廣東一省，地窄民稠，環臨大海，小民生計艱難，全賴海洋貿易養贍資生。」[3]另一方面，由於東南沿岸地近東南亞，港際（inter-port）條件優越，不論是商賈往來，還是要進行各種與西方世界的交流，都無疑比較便捷。

即使東南沿岸在地理氣候上得天獨厚，但這並不代表清代東北部海域沒有值得討論的地方。我在〈前言〉所帶出「海上新清史」的概念，其中一個題旨就是希望喚起我們對其他洋面的關注，嘗試擺脫一種「過度集中於東南沿岸（Southeast China centrism）」的討論。事實上，清代東北的沿海地區，在海洋史上也有它獨特的發展脈絡。由於地處黃、渤海一帶，所以東北港口諸如錦州、登州、秦皇島，與朝鮮、滿洲，甚至是沙俄的聯繫特徵，都是我們在南中國港市找不到的。我所指的聯繫特徵，主要是貿易傳統、通商用語，以至是交流文化之類。另一方面，東北地區在北半球經濟圈所擔當的角色，和東南沿岸在南半球商貿圈的參與，箇中可有不少相似的地方。如果我們要追溯人參、皮草等商品在東北亞市場的「生命脈絡」（social life of commodity），環渤海地區便是一個不可或缺的平臺。[4]除了促進東北亞地區的商貿流通外，東北部港口也是南、北中國短線航運的支撐點。在十八世紀中國，從北方

1 令人可喜的是，上海古籍出版社在二〇二〇年十二月，出版了一部合共五冊的《中國海域史》，分為〈總論卷〉、〈渤海卷〉、〈黃海卷〉、〈東海卷〉，和〈南海卷〉，明顯是有意調整個別海域研究不均的問題。《中國海域史》由張海鵬主編，王宏斌、朱亞非、劉大可、黨明德、曲金良、謝必震、吳巍巍與李金明編撰。

2 藍鼎元，《鹿洲初集》（臺北：文海出版社，一九七五），卷三，〈論南洋事宜書〉，頁一一七。

3 〈太子少保兩廣總督慶復摺〉，載《清代檔案史料選編》（上海：上海書店出版社，二〇一〇），卷二，頁三八八。

由海路銷售到南方的商品主要包括大豆、瓜子、皮革、藥材、蜜餞；而由南朝北的，則有絲綢、茶葉、瓷器等物。如果說中國東南沿岸是促進東、西兩極交流的催化劑，東北地區便是見證東亞海域牽動南、北貿易的一個重點市場。

不過，正如在〈前言〉提及，我希望借用「海上新清史」的概念，在本書的第一部分找尋一些海貿以外的議題，藉此疏理清政府在管治海疆時所投放的力度與積極性。所以，這一章並不會以東北亞的商貿交流為焦點。我比較感興趣的，反而是一個相對陌生的課題：十八世紀中國東北部的海洋軍事化（maritime militarisation）。所謂「海洋軍事化」，大約可以分成幾個範疇，當中包括伐木造艦、招募兵勇、海上巡防和炮臺建設四大類別。由於在上一章已討論過伐木造船，本章主要會探討海上巡防等面向。透過了解渤海一帶的「海洋軍事化」，希望能夠把盛清海洋史的討論往北推移。

天造地設之險

在清兵逕入山海關後不久，滿人已經意識到建設海軍的必要。當然，其中一個原因是要抵抗臺灣的鄭氏政權。臺海對岸的勢力無疑是一個存在威脅，但清政府卻沒有忽略其他地區的海事布防。在參考明代的籌海編制後，順治一朝已經頒令「沿海水域劃歸各省管轄」；環渤海的三大省域，自然需要加以設防。盛京轄下的海域包括遼東半島的三面：「北以鴨綠江口為限，西以天橋廣海面與直隸為界」；至於直隸管轄的海面，則「以大河口與盛京、山東為界」；而山東所轄的海面，從西邊的大河口開始，然後「東達成山，南以鶯游山與江南為界，北則以城隍島和鐵島的中線，與盛京為界」。[5]

從上述引文得知，清廷在渤海範圍布設了由遼東半島、直隸和山東半島組成的三重防衛。雖然三省合共的戰船數目，均不及福建沿岸近三百六十艘的數字，但在巡防次數和頻率方面，渤海可謂守備森嚴。渤海地區之所以備受重視，無非與它的戰略位置有關。在乾隆

---

4 例見郭衛東，〈皮毛：清代北美對華貿易的重要貨品〉，《安徽史學》，二〇一五年第六期，頁二三—三二；Jonathan Schlesinger, *A World Trimmed with Fur: Wild Things, Pristine Places, and the Natural Fringes of Qing Rule* (Stanford: Stanford University Press, 2017).

5 《欽定大清會典則例》載錄原文如下：「山東與盛京水師官兵各巡本管洋面，金州之鐵山、舊旅順、新旅順、海帽坨、蛇山島、並頭雙島、虎坪島、筒子溝、天橋廠、菊花島等皆係盛京所屬，今該將軍派撥官兵巡哨；北隍城島、南隍城島、欽島、砣磯島、黑山島、廟島、長山島、小竹島、大竹島至直隸交界武定營等處止，並成山頭、八家口、芝罘島、崆峒島、養馬至江南交界等處止，皆歸山東所屬，今登州總兵官派撥官兵巡哨。至鐵山與隍城島中間相隔一百八十餘里，其中並無泊船之所。規定自鐵山起，九十里之內歸盛京將軍官兵巡哨，自隍城島起九十里歸山東官兵巡哨，如遇失事，各照劃定疆界題參。」（卷一一五，全國圖書館文獻縮微中心，二〇〇五年，頁四七—四八。）

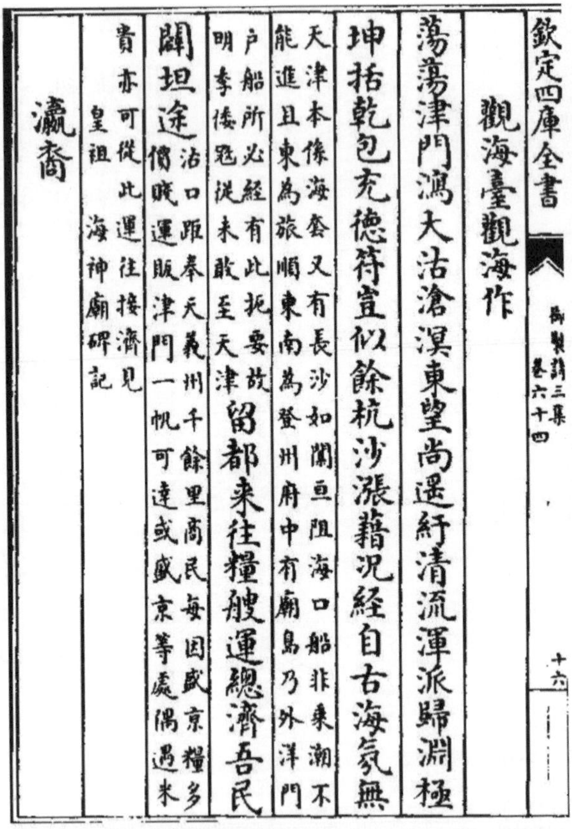
欽定四庫全書　御製詩三集 卷六十四　十六

觀海臺觀海作

蕩蕩津門濶大沽滄溟東望尚遥紆清流渾派歸淵極坤括乾包充德符宣似餘杭沙漲藉況經自古海氛無天津本係海套又有長沙如闌亘阻海口船非乘潮不能進且東為旅順東南為登州府中有廟島乃外洋門戶船所必經有此扼要故明季倭寇從未敢至天津留都來往糧艘運總濟吾民闢坦途沽口距奉天義州千餘里商民每因盛京糧多價賤運販津門一帆可達或盛京等處偶遇米貴亦可從此運往接濟見皇祖海神廟碑記

瀛裔

圖 3-1　乾隆〈觀海臺觀海作〉。

〈觀海臺觀海作〉一詩中便有注解謂：「天津本係海套，又有長沙如闌，亘阻海口，船非乘潮不能進。且東為旅順，東南為登州府，中有廟島，乃外洋門戶，船所必經。有此扼要，明季倭寇從未至天津。」[6]（見圖3-1）

乾隆的觀察，無疑點明了環渤海地區扼守邊防的重要性，不得不加以防範。事實上，黃渤海不僅是直達北京的必經之路，它還是最接近滿族發源地的海上咽喉。清人杜臻（一六三三—一七〇三）便曾以「天造地設之險」來形容渤海的戰略性；[7] 史地大師顧祖禹（一六三一—一六九二）也曾表示，渤海是保護京畿、遼東和齊魯等地的關防要地，從海事者自當小心留意。[8] 除卻這些享負盛名的學人外，有關「渤海關防緊要」的議論在十八世紀其實不難查閱。一本估計是在康熙年間出版的佚名作品，暫題為《清初海疆圖說》，亦曾對渤海的戰略地位作過類似的評析。[9]

值得一提的是，早在滿清入關前（後金時期），滿人已經注意到黃渤海一帶的戰略性。當時崇禎政權尤在，明清在東北的戰場從大陸延伸至黃海以東，接近朝鮮西岸的皮島。皮島現名椵島，位於鴨綠江口，西朝鮮灣內。皮島的面積大概只有二十平方公里，但卻是位處遼東、朝鮮與山東登萊之間的兵家必爭之地。此島原本杳無人煙，亦無實名。但在明將毛文龍（一五七六—一六二九）整頓遼東一帶的抗金防務時，眼見皮島位置險要，隨即將其發展為抗敵基地。相傳因為毛文龍的姓氏，且有「皮之不存，毛將焉附」等語，[10] 皮島自此便被正名了。

6　乾隆，《御製詩三集》（上海：上海古籍出版社，二〇一〇），卷六四，葉一六。
7　杜臻，《海防述略》（北京：知識產權出版社，二〇一一），頁一一。
8　顧祖禹，《讀史方輿紀要》（北京：中華書局，一九五五），卷三一，頁一四〇〇。
9　臺灣銀行經濟研究室，《清初海疆圖說》（臺北：臺灣銀行，一九六二）。
10　此語出自《左傳》〈僖公十四年〉章。

皮島海戰

毛文龍在抗金期間，致力在皮島布防駐軍，成功牽制和騷擾後金的精銳以及耀州、鞍山驛和薩爾滸等軍事基地。與此同時，不少遼東半島的難民，為了逃避戰亂，也會選擇撤離至皮島，尋求明室的保護，皮島人口因此在短時間內有所增長。在雙方兵戎對壘的階段，毛文龍更在島上招兵買馬，以驍勇聞名的耿仲明（一六〇四－一六四九）、尚可喜（一六〇四－一六七六）和孔有德（一六〇二－一六五二）等大員，便是在這段期間被招攬入伍的。

只可惜，在崇禎二年，一六二九年，由於毛文龍與時任薊遼督師的袁崇煥（一五八四－一六三〇）不和，袁氏決定私斬毛文龍。一六三一年五月，根據《明季北略》等史書的記載，皇太極（一五九二－一六四三）得悉毛文龍被處斬，認為機不可失，隨即任命總兵喀克篤禮（？－一六三四）和楞額禮為左右主帥，舉軍六千，劍指皮島。後金先經義州，然後入朝鮮，攻克宣川城。六月四日，再由宣川分兵四路，一路入蛇浦，一路進身彌島浦口，一路入郭山宣沙浦，最後一路奔嘉定。[11]按朝鮮將軍林慶業當時的觀察，這四路金兵所占之處，都是皮島東北和東面對岸的兵家重鎮，對皮島形成一個彎月包圍之勢。

不過後金要攻取皮島，單靠戰馬長弓，自然難以成事。皇太極於是派遣使臣滿達爾漢

（一五九〇—一六四四）、董納密出使朝鮮，威迫李倧（一五九五—一六四九）相助借船。不料仁祖斷然拒絕借艦，且義正辭嚴地表示：「明國猶吾父也，撫我的二百餘年。今征我父之國，豈可相助以船？船殆不可借也！」[12]皇太極眼見借船失敗，又難以分兵直搗朝鮮，唯有在宣川一帶砍木製艦，準備改克皮島。同時也在沿海防線築牆修堡，以備渡海攻島。

在皮島方面，毛文龍死後由黃龍擔領防務工作。雖然黃龍未及毛文龍善戰，但由於皮島當時的海事布防井然有序，加上明軍大多熟練水戰，另有大量西洋火器和戰船的加持，後金軍隊可謂無從入手。及後皮島守將張燾更主動出擊川浦，後金應接不暇，連連戰敗。朝鮮海民也有記載當時的戰況，形容是「戰艦蔽海，連日進戰。炮煙四塞，聲振天地」；[13]可見戰事之激烈，絕非一般冷兵器在海上之間的碰撞而已。及後皮島副總兵沈世魁（？—一六三七）先後側攻蛇浦，史書載述明軍「神炮諸發，虜陣披靡，死傷甚眾」；[14]由此可知皇太

11 參計六奇，《明季北略》（北京：中華書局，一九八四），卷五，〈袁崇煥謀殺毛文龍〉，頁一一五—一一六；〈袁崇煥謀通敵射滿桂〉，頁一一七。

12 李倧引文可見《皇朝文獻通考》，載《四庫全書》，卷二九三。又見李光濤，《明清檔案論文集》（臺北：聯經出版，一九八六），頁四八七。

13 見孫文良、李治亭、邱蓮梅編，《明清戰爭史略》（瀋陽：遼寧人民出版社，一九八六），頁三二四—三二五。

14 同前注。

極的軍隊在皮島一帶屢屢戰敗，傷亡慘重。是次皮島海戰，相信亦是後金在黃渤海一帶的第一場海戰。面對明軍的水師炮艦，八旗兵將彷彿無計可施，最終被逼放棄渡海，且自朝鮮撤兵，返回瀋陽。

一六三一年的皮島海戰，對後金而言可謂經歷慘痛。史書載言，皇太極軍隊在接連戰敗後「畏縮奔退八十里之外」，金兵從此「不敢復近海岸」。[15]然而，這場戰爭的慘烈，並沒有令皇太極放棄黃渤海一帶的布防和戰船訓練。皮島海戰更令他意識到環渤海一帶的戰略地位：一旦不能掌控這片海域的安寧，對整個後金而言，將會是一個重大的威脅。再者，一日不攻克皮島，便一日不能解直搗北京的後顧之憂。

大約六年之後，時值一六三七年冬春之交；當時後金已易名大清，禮烈親王代善的二子碩託（一六〇〇—一六四三）肩奉皇命，連同棄明投清的孔有德、耿仲明和尚可喜，率軍萬餘再次攻打皮島。[16]當時駐防的明朝總兵沈世魁依險設炮，集合舟師迎戰。雙方相持一月有餘。當明軍以為皮島有險可守，殊不知清軍卻用計成功渡海，偷襲皮島西北面的山嘴。八旗步兵隨即登島進攻，配上清方戰船當時已配備的紅衣大炮，明軍驚見缺口一開，戰意銳減。四月初八，沈世魁被碩託執殺，明方軍民萬人死難，而清兵則「盡掠婦女寶貨而去」。[17]大戰落幕，塵埃落定。在明室手上經營近十五年的皮島，在一六三七年正式落入清軍手中。隨著皮島的陷落，再加上早前登州等地的失陷，[18]明朝自遼東以至渤海一帶的沿海防線，亦正式宣告崩解。所以我們常言及晚明的內憂外患，其中的外患，實不只來自山海關一帶的華北平原，黃渤海水域對崇禎政府所造成的壓力，也使我們不容忽視。

對皇太極一方而言，一六三七年的皮島海戰，應該是清朝立國以來，第一場海戰勝仗。但由於此戰歷時良久，傷亡過千萬計，大清君臣都不敢輕易忘卻它背後的意義。所以自順治至嘉慶五朝，均未對渤海的防務和巡防掉以輕心。順治登位後，遂下令繪製一《山東直隸盛京海疆圖》，繪訂渤海一帶的防衛策略和炮臺位置。圖中更明示山東近前洋面，是國家的關鍵門戶，要時常警惕留心，不可不慎（見圖3-2）。自此以後，盛清一代對渤海的管理大多一絲不苟，沒有太大意的鬆懈。

15《朝鮮王朝仁祖實錄》，卷二四，〈九年六月二十八日〉，頁四七—一；另參中央研究院歷史語言研究所編，《明清史料》，乙編，頁六四—六五。

16 覺羅勒德洪等編，《清太宗實錄》（北京：中華書局，一九八六），卷十五，〈天聰七年八月癸酉〉，頁一四二。

17 張廷玉等編，《明史》（北京：中華書局，一九七四），卷二七一，傳一五九，〈黃龍〉，頁六九六八；另參《朝鮮王朝仁祖實錄》，卷三四，〈十五年四月十四日〉，頁四四—一。

18 計六奇，《明季北略》，卷八，〈孔有德陷登州〉，頁一四二。

山東水師

正如前文所述，渤海主要由三支水師把守，分別是山東、奉天，以及直隸水師。現在我們先討論一下山東水師的防務與職責。據《山東海疆圖記》云，山東半島乃清朝渤海海防的第一防線，此言不虛。先論山東半島的地理位置，基本上要進出渤海，就必經半島東端的成山。與此同時，山東也是「南通江浙，朔達盛京，東接朝鮮，西至天津」的軸心，戰略性顯而易見。而位處山東半島北岸的登州，更是滿清入關後，第一個設立的水師基地。在水城建立之初，大約由三百八十六名水兵與十三艘戰船駐守，主要負責巡哨山東

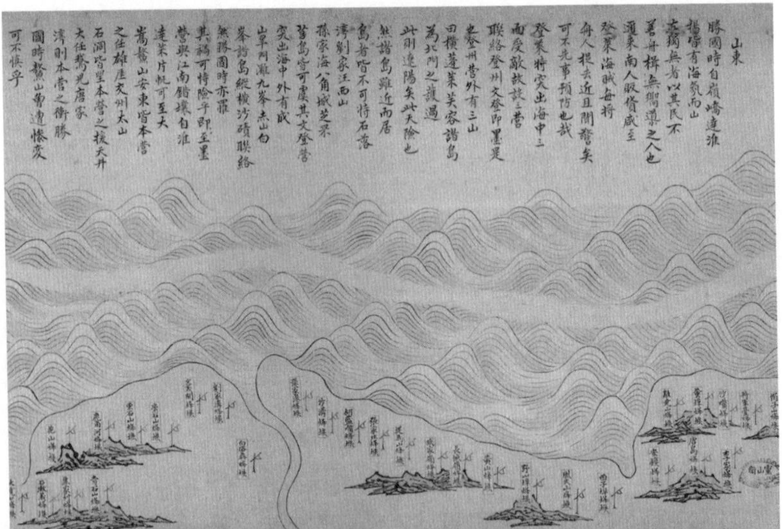

圖 3-2 《山東直隸盛京海疆圖》，現藏美國國會圖書館（Library of Congress）。

以北海面。

相較天津、旅順等渤海城市，登州或許相對乏人問津。然而，自順治以來，特別在康熙和雍正時代，登州在渤海軍事化方面的貢獻，可謂不容小覷。一六七五年，康熙執意加強渤海防務，遂重組登州的山東水師，加上近千員水兵，並且將水師分成前、後兩營，令防務系統更具規模。然而，在一七一四年，康熙認為渤海一帶已歷多年清靜，依靠奉天和直隸的水師便能有效禦敵，所以決定合併登州與膠州水師，集中處理山東半島以南的防務。

不過，登州的戰略位置很快便被再度重視。一七二八年，雍正認為渤海一帶的哨巡「不可不察」，加上遼東半島與山東的交往頻繁，只靠盛京水師，實難維持洋面的安定。有鑑於此，雍正遂令張廷玉（一六七二－一七五五）、蔣廷錫（一六六九－一七三二）頒布上諭，明言「山東登萊二府皆屬邊海地方，應於何處駐防及蓋造營房、增添戰船之事，爾等密議」。[19]經過近五年的討論，登州水城終於一七三四年得以重修，而萊州、成山等地的兵防在這五年內亦有所擴充。自此之後，山東北部的水師巡邏日見鞏固，而在天津、盛京，和江淮水師的配合下，每到會哨之期，「各地方同時出洋……則滿洋皆兵，足資防汛」[20]，黃

19《世宗憲皇帝硃批諭旨》，〈雍正六年十一月初三日接准怡親王暨大學士張廷玉蔣廷錫字雍正六年九月十八日奉上諭〉條。

20《世宗憲皇帝硃批諭旨》，〈雍正六年十二月十六日田文鏡奏摺硃批〉，卷一二六之一四，頁四三－五三。

渤海一帶大概「海疆澄靜」。除了斥資投放水城與戰船外，雍正帝亦著力強化山東岸邊的布防，諸如加設烽火臺和炮臺等海事設施，著令渤海的軍事化更臻完備。

然而，在硬體以外，山東水師一直也有將帥不諳海事的問題。比如在一七二三年，登州水師游擊因為年紀衰邁，不勝巡哨之職，兵部便奉旨征調時任雲南督標的石崑走馬上任。石崑雖然是直隸人，但被遠調雲南多年，對於水師管理方面難免有所生疏。登州總兵何祥書便曾向雍正建議，撤換石崑，他在奏摺中提到：

今值夏令，商船來北貿易者紛紛，正賴水師官兵及時哨巡。奴才雖經委員署理，但游擊為一營將領，委屬實非專責。海防關係緊要，員缺不便久懸，恭請聖主於諳練水師記名人員內簡補一員。或容奴才於東省守備內揀選熟練船務，善通水性者保舉二人，恭候欽點一員。[21]

雍正最後並沒有即時撤換石崑，但從何祥書的呈請可見，統領水師的游擊將帥，並不一定是精通海事，並且經驗豐富之人。事實上，這問題在盛清一代，也沒有得到徹底的解決。督令水師的，大多需要依賴比較熟悉海戰的管帶將士，制定方程，指揮巡哨。但有經驗的，中央難免對其有所戒心，擔心他會尾大不掉，往往不會賦予重任。屢立戰功者，甚至會被多番遷調，藉此疏離兵員將帥之間的默契。這種惡性循環，在中央集權的制度下是可以理解的；但就管治專業化的角度而言，不免衍生出精英不能盡其才，知人卻不能善任等問題。這種管治邏輯，在古今中外，不禁教人慨嘆無奈。畢竟在十八世紀，要挑選一個既得中央信任，盡忠職守，而且不畏波濤，精研海事的大將，絕對不是一件唾手可待的容易事。

話說回來，由於雍正年間的大力發展，渤海南部的海洋軍事化可謂愈具規模。不過及至乾隆中期，從一七四二年開始，登州等地的重要性卻日漸息微。原因大概源於渤海一帶，在乾隆以來長久無事，登州府的水師數目因此每年遞減。餘下的兵將亦因為缺少臨陣退敵的經驗，加上疏於操練，戰鬥力變得大不如前。按史料記載，這情況一直到嘉慶、道光年間亦未有顯著的改善。[22]及至十九世紀二〇年代，守備登州水師的「精銳」只剩約一百八十人，防務明顯不濟。由於登州水師自乾隆中期日見衰象，渤海的防衛重心，始逐漸北移至彼岸的遼東半島。

21〈山東登州鎮總兵何祥書奏請簡員補授東省水師游擊事〉（雍正元年四月十六日），中國第一歷史檔案館藏硃批奏摺，檔號：04-01-30-0149-010。

22〈張聯奎奏為勘察登州鎮屬各營汛大路沿海墩臺塘房廢弛情形咨會撫臣嚴查請賠修辦理事〉（道光元年五月），中國第一歷史檔案館藏硃批奏摺，檔號：04-01-20-0009-005。

盛京水師

所謂盛京，實指中國東北的南側，涵蓋遼東半島。一九〇七年光緒下詔改名奉天省。及至民國年代，一九二九年，南京政府認為「奉天承運」的帝制色彩太濃厚，便決定易名奉天為遼寧省。雖說奉天一名自光緒以後方被確認，然而，早在康熙四年，中央便曾以「奉天將軍」稱呼在遼東一帶禦敵的邊將。不過「奉天將軍」一詞，在康熙中期卻慢慢被「盛京將軍」取代。如是者，駐防奉天的沿海水師，亦開始被標誌為「盛京水師」。

盛京水師的重心集中於錦州、旅順一帶，主要管轄渤海中線以北洋面，東邊巡哨至長山列島，西面則達至「天橋廣」水域。[23]相比登州和錦州，旅順港的歷史相信比較耳熟能詳。不過，我們對旅順的認識，大多是來自十九世紀清廷和列強角力的一段歷史。然而，旅順對於十八世紀渤海的軍事化，亦曾擔起一個重要的角色。史書記曰「東三省沿海各口岸，以金州旅順口為尤要」，[24]這不是沒有根據的。由於旅順位處遼東半島的最南端，橫瞰進出黃、渤海一帶的更番往來，港口的位置就像一個前哨站，既可為渤海一帶預警，亦可以抗敵於京畿之外，「詰奸禁暴」。加上旅順水深港闊，有利戰船的停泊和活動，恰好是一個渾然天成的優良軍港。

早在順治年間，旅順已有一水城。雖然水城的建造時間比登州的略為遲一點，但規模卻未見遜色。戰船、水閘、營房、瞭望臺、船塢、礮臺等基本設施都不缺。及至一六七六年，駐防旅順水城的士兵數目約五百人。不過，在往後的二、三十年，渤海地區卻持續受困於海盜擾邊的問題。綜觀明清時期的海盜史，我們普遍認為海盜只是東南沿岸的課題，但實際上，在環渤海一帶，海盜與水師的衝突亦是屢見不鮮。按乾隆的說法：「奉天牛庄等處向多盜案，最易藏奸，尤不可不嚴加堵緝。」[25]

乾隆所言，並非毫無根據。早於一七〇九年，盛京將軍便曾奏報，錦州附近洋面有近十艘海盜船，公然瞄準岸上軍民施放槍炮，且肆意登岸搶劫。有鑑於此，廷議便決定加強奉天的海防，增設船艦，多加巡邏。同時亦督令山東水師共同協防，如此南北兩方雙管齊下，「海邊賊匪便無所容身」。除此以外，康熙亦決定在盛京選拔滿人精銳一千人，教習鳥槍火炮，另配備戰船十艘，增援盛京水師。新增戰船除了「每年輪修並守口外，餘五六隻巡海操演」。在盛京水師得以強化後，錦州一帶的海盜問題雖然沒有完全剿平，但已有顯著的改

---

23 天橋廣水域位於錦州，亦屬錦州八景之一。

24 語出《清史稿》，卷一三五，現轉引自孫光圻、劉義傑、張世平編，《中國航海史基礎文獻彙編》（北京：海洋出版社，二〇〇七），卷一，頁三〇九二。

25《大清高宗純皇帝實錄》，載《清實錄》（北京：中華書局，一九八五），第二十七冊，頁七九〇。

善。[26]

一七一四年，為了進一步鞏固遼東海防，加強戰船的耐久度，康熙便特意選拔福州的造船工匠，為旅順水師製艦造船。由於早期的盛京水師，主要由滿蒙八旗子弟組成，所以由福州挑選漢人船工襄助，不無承載一種滿漢合作的意義。一七二六年，盛京將軍噶爾弼（？－一七二七）認為旅順海口至鳳凰城水程有千里之遙，僅依賴水師一營，有點杯水車薪，遂建議在錦州增設兩營，與旅順軍船交替巡哨。加設錦州一營，對盛京海面的安穩帶來了積極的效果。[27]直至一七五四年，軍機處認為海面已趨寧靜，加上登州水師在協防方面幫助尤大，雍正遂決議裁撤錦州戰船四艘，撥回官兵一百名，水手四十名。餘下的六艘戰船，除了輪流拆造及守備海口之外，其中兩艘專用於巡哨海面。由此可見，自一七〇九年至一七五四年，凡四十五年間，盛京的水師防務也維持在一個挺高的水準。儘管在一七五四年後，海面看似再無大事，但旅順的軍防其實並沒有明顯地裁減。一直到乾隆後期，旅順充當軍港的作用也一直未見動搖。[28]

海面無事的邏輯問題

這裡我想特別帶出一點：每當我們覺得海面無事，就代表「水師沒甚發展」的推理是有問題的。事實上，這個邏輯應該反過來分析。很大程度上，洋面寧靜的原因，多少應該歸功於水師在背後所付出的時間和努力。在前近代時期，於汪洋大海之中巡哨緝盜，實在不是一件簡易的工作；加上巡哨的里程長短不一，其中所存在的風險數之不盡。所以水師每次出勤，也不一定能夠全面掃清洋面的盜賊。不過，姑勿論它擊潰盜匪的成功率如何，單論水師的建設，以至整個巡哨體制所承載的防範姿態，無疑為海賊盜匪帶來相當的壓力。加上聯合會哨等跨省巡邏，就環渤海水域的地理形勢而言，成效也是比較顯著的。

話雖如此，或許會有學者認為，海盜問題得以改善，無非盛清一代，民生愈漸富足，沿

26 康熙年間，有關盛京一帶的水師布局，可見於嘉慶朝盛京副都統額勒恆額的〈奏為遵旨會籌遼海水師章程〉（嘉慶四年二月十六日），中國第一歷史檔案館藏硃批奏摺，檔號：04-01-03-0037-027。

27 崑岡，《欽定大清會典事例》，卷六一〇，頁四九。

28 可參 Ronald C. Po, *The Blue Frontier: Maritime Vision and Power in the Qing Empire* (Cambridge: Cambridge University Press, 2018), pp. 109-111.

海商民自然無須鋌而走險，投身海賊行列。這個觀點看似成理，但其中也有可斟酌的地方。首先，盛清一代，人民生活是否絕對富足，這已經是一個大問題。自康熙中葉以來，黃河大水，山東旱災，官吏貪污，農作物失收，官商勾結等情況接二連三。十八世紀相對十七（晚明）或十九世紀（清末），或許是一個相對安穩的時代，但它也不一定是一個只值得我們驕傲的盛世，沒有絲毫毛病。在我看來，盛世不盛世，往往只是一個透過比較所得出來的概念。如果我們把它放置在「中國歷史周期說」的框架，盛世的出現不過是要顯示「其興也勃焉，其亡也忽焉」的周期定律罷了。

另一方面，如果說太平無事就無海盜，這結論也有點倉促。就我閱覽所及，即使天下大定，也很難達致盜賊全無，古今中外亦然。在固有的制度下，往往只有小部分的社會精英能夠晉升所謂的「成功之路」。失敗碰壁、懷才不遇、未得三餐溫飽者，比成功安逸的人數多得很。加上盛清一代，人口急劇膨脹，社會不公平的現象不勝枚舉。美國有學者便曾就明清時期的貧窮問題，做了一個綜合的研究。他們特別提到，即便在最繁華的鬧市，以行乞維生、投身偏門的例子大有人在，這便遑論一些相對貧乏的地區了。[29]就此，我們實在不應該假設在看似「太平無事」的年代，海面便會盜賊殆盡。可能在數字上是有所遞減，但我並非執意於數字上的多寡，我所針對的，一方面是這個思路的邏輯問題，另一方面是重中水師巡防有助洋面安寧的論點。

正如前文所述，在順康時代駐防旅順的盛京水師，主要由滿蒙八旗兵將組成。這編組也有必要稍微說明一下。由滿蒙八旗為主的水師，在執行巡哨防務時，和其他地區的綠營水師有所不同。雖然兩者都有巡邏水域的責任，但在分巡和總巡的編制上則略有差異。例如盛京水師以協領為總巡，「並以佐領、防禦、驍騎校為分巡」，[30]反觀其他地方，總巡分巡的編制卻非如此。不過，滿蒙八旗和綠營水師最大的分別，莫過於在汪洋大海中的戰鬥力。八旗子弟素以騎射聞名，開弓射鵰猶可，但要勉強在波濤上馳騁，始終有點力有不逮；而在海面遇上不適者，水師當中更是十有八九。對比之下，投身水師的漢員大多有行船出海的經驗，這和八旗子弟便形成了明顯的對照。所以，在雍正以後，盛京水師已不只滿蒙軍員，其中也混合了不少地方的綠營兵將，共襄防務。在雍正眼中，保留滿洲水師，無非希望「令薄海內外聞之，以壯聲勢而已」；[31]由此可見，盛京海防自此之後的重心，斷非由滿蒙水師所擔持。

29 Hanchao Lu, *Street Criers: A Cultural History of Chinese Beggars* (Stanford: Stanford Unviersity Press, 2005); Joanna Handlin Smith, *The Art of Doing Good: Charity in Late Ming China* (University of California Press, 2009).

30 阿桂等纂修，《欽定八旗通志》，卷三八，載《四庫全書》，第六六五冊，頁一〇。

31 《世宗憲皇帝硃批諭旨》，卷一二六之十四，頁五三－五四。

直隸水師

直隸省，地處華北平原，東臨渤海，自元、明、清三朝以來，已經是戰略要塞，京畿重地。直隸的海岸線，北起山海關，南至黃驊港，全長大約六百四十公里。直隸沿岸的島嶼較遼東和山東半島的為多，有近約一百三十座，當中包括月坨島、石臼坨島、打網崗島、翡翠島、大河口島、灰台子島、高坨子島、葫蘆頭子島和馮家屋子島等等。這些離岸小島大多被納入內海範圍，水師不但要定期巡哨，有需要時更要登島駐紮，確保盜賊肅清。

這些島嶼與東南沿岸的海島不太一樣。東南沿岸的，大多水深不一，且時有沉澱沙積，為水師布防帶來很多困難；反觀直隸海面，小島之間，障礙不多，戰船出入巡邏也比較方便。在道光時期擔任直隸總督的訥爾經額（一七八四—一八五七），便曾經有這樣的記述：

> 自狼坨子至山海關袤延千餘里，均在門戶以內，較大洋水面狹窄，故俗稱為海袖。中間並無島嶼，僅有近山海關之清風島、金山嘴，亦係小島。至於大沽迤南之祁口河、北塘以北之澗河口等處，稍可寄碇避風，無甚障蔽。不似東南洋面島嶼重疊，港汊紛歧，可以設伏藏舟。而各大小口門又俱有攔江沙為之鈐束，船隻吃水稍深者，出入即不靈

便，是以從前水師屢設屢裁。[32]

直隸水師的基地在天津，大沽口一帶。早在順治時期，天津守將雷興（？—一六五三）已有言謂：「大沽海口為神京門戶，請置戰船以備海防。」[33]道光朝的鄂恆（一八〇二—？）更表示「天津海口雖然號稱腹地，乃是京師之保障，較之閩、廣、江、浙諸海口更為重要，從福建到天津，順風七天就可到達，天津海口尤須重兵防守」。[34]事實上，天津的確是「由海路推進京師」的最後防線。一旦大沽口失守，敵人便能長驅直進，再沒什麼天險可守。最有力的例子，莫過於一八五六年第二次鴉片戰爭。英法聯軍攻克大沽炮臺後，朝野上下無不驚惶失措，方寸大亂。咸豐皇帝（一八三一—一八六一）最後只好在慌忙之中走避承德，遠離烽火。

與盛京水師一樣，天津水師初期也是由滿蒙子弟組成。不過，有鑑於八旗兵士不諳海戰的弊端（上文已有論及），雍正遂於一七二五年下詔，在天津設立滿蒙水師營，教習滿蒙官

32 中國第一歷史檔案館，《鴉片戰爭檔案史料》（天津：天津古籍出版社，一九九二），頁四四四—四四五。
33 《清史稿》，卷一三八，志一一三，兵九，〈海防〉。
34 〈翰林院侍讀鄂恆奏為敬陳復設天津水師事〉（道光十二年七月十六日），中國第一歷史檔案館藏錄副奏摺，檔號：03-2859-039。

兵操練水戰，上諭曰：「滿洲兵丁於技勇武藝俱已精練，惟向來未習水師。今欲於天津地方設立水師營，分撥八旗前往駐防操演，似屬有益。」[35]兵部旋即議決，立馬選拔水師都統一員，駐紮天津塘沽蘆家嘴新城，並設滿洲協領四員，佐領、防禦、驍騎校各二十四員；蒙古協領兩員，佐領、防禦、驍騎校各八員，教授八旗子弟海戰要義。與此同時，雍正更特別從東南省分徵調總領教習、教官和水手共三百多人北上，共同協助天津水師營的操練。至於戰船方面，在雍正年間，數量同樣有所增加。及至一七三五年，大型戰船共三十二艘；大、小趕繒船則各十六艘，分上、下兩班巡洋、會哨和演練。與盛京水師類似，天津的戰船也是由福建、浙江和江蘇的工匠負責修造的。[36]

在十八世紀中葉，雖然海面尚算平靜，但水師的訓練卻愈見重要。曾任直隸總督的李衛（一六八八—一七三八）在一七三七年便有一則挺詳細的紀錄，非常值得參考：

> 武職官員有水師、陸路之分，非但服官之後職掌不同，蓋自本身生長之鄉與從初食糧之始，其耳目之所習，即有迥然各異者，非如騎射弓馬，凡屬武員俱可時常隨身操練而不離者也。蓋水師之用，非船不行。其在江湖內地，已有風波之險，駕駛敏鈍，地勢險夷，非平素習慣，即不能深知。至于海洋則茫茫滄溟，一望無際，以言天時，則四季颱颶之期候尚有記載，可以預備，而風雲星日之占變，狂飆異物應於頃刻，若非閱曆之

久，不能趨吉避凶。以言地利，必先知島嶼之向背，而後南北風之灣泊可定；必先識沙線之順逆，而後險礁絕岸，不至觸沉。且定盤之針，纖毫稍偏，即內外洋面隔越萬里。加以同一戰船，而修造如式者駕駛方靈；杠具堅固者，沖激無患；遇敵而占上風，全在折戧借勢之巧力；臨危而涉波浪，每借片板斷木以偷生。凡此，水師技藝皆從艱苦得來。若陸路之員從未出洋者，海道不知徑路，登舟即至昏暈，站立不能，飲食俱廢，一切巡哨調度焉能洞中肯綮。更為人易欺騙，即欲盡心，而限于知識，措置失宜，不足以收實效。[37]

李衛的上奏，大抵傳承了雍正的意思，著意提醒治理海疆者要「建威消萌，有備無患」；更重要的是，水師人才應當於太平之時培養，海防兵制應當預備於無形。

35《世宗憲皇帝上諭內閣》（欽定四庫全書電子版），卷三五，〈雍正三年八月初十日〉條。

36 有關雍正年間天津水師的沿革，亦可見道光朝〈兵部尚書裕城奏為遵旨查明天津水師營裁設原案事〉（道光十九年八月初三日），中國第一歷史檔案館藏錄副奏摺，檔號：03-2860-010。

37〈直隸總督李衛奏為敬陳水師陸路互相改補員缺愚見恭備採擇事〉（乾隆二年十月十九日），中國第一歷史檔案館藏硃批奏摺，檔號：04-01-16-0005-048。

海神信仰與揚帆巡邏

雍正對天津水師的栽培可謂一絲不苟，我們從水師營房的鋪陳和設置也可以得知一二。天津八旗的水師營房位於塘沽蘆家嘴，北臨海河，牆垣由南至北共二百二十六丈，自東而西凡二百六十丈。城內設有官兵房屋、倉廒、軍備庫等舍房約五百餘間。除了這些基本設施外，雍正更在營房內注入不少宗教元素。一七二九年，雍正認為水師營內官員兵丁接近二千人有餘，斷不可無祀享瞻拜之所。遂下令御史鄭禪寶在營內修建廟宇兩座：一座「廟供三世佛、龍王海神」，另一座則「供城隍、土地」。其神佛法像必須配合廟宇的標準尺寸，酌定式樣，「交莊親王自內廷照式裝塑送去」。[38]

雍正皇帝虔誠佛學，人所共知，但從其針對水師營房的宗教布局可見，他對海神、龍王這類道教色彩相對濃厚的神祇，並沒有刻意把祂們拒諸門外。更重要的是，在水師大營中設廟立宇，一方面顯示在上者想得周全，另一方面，亦說明海神信仰在水師軍中的角色和影響。正如我在上文提及，在十八世紀中國，出入大海，可以是一件關乎生死之事。加上滿人不諳水性，要揚帆出哨，克服波浪，不時要借力神明，尋求內心的安寧。龍王和海神等神祕力量，便能有效讓水師兵員安定心神，不畏天風海濤。

中外文明對海神的崇拜，自古以來，不乏例子。在古希臘我們有波塞頓（Poseidon），羅馬有尼普頓（Neptune），巴西有伊曼雅（Iemanja），日本有闇淤加美神（Kuraoka-minokami），北歐有埃吉爾（Aegir），埃及有努恩（Nun），而印度則有伐樓拿（Varuna）。在中國歷史上，對海洋的崇拜自《山海經》已有。及至南宋一代，隨著海貿發展等交流活動日趨活躍，海神崇拜不但變得蔚然成風，而且愈具系統。不論是海商漁民，還是兵丁仕紳，普遍對海洋也存有一種敬畏、尊重的態度。由於宋人的大力推動，沿海地區便開始經典化（canonise）四大海神，分別是海龍王、天妃（又稱媽祖）、鮑蓋神，和觀音娘娘（見圖3-3）。除了這四大海神外，當然還有不少富含地方色彩的海洋崇拜，諸如山東半島的劉公、環渤海地區所信奉的仙姑，以及南海洪聖大王等等（見圖3-4）。儘管這些海上信仰會因應地方風俗迥異，繼而醞釀出不一樣的精神意涵，但它們大多說明在傳統中國，海洋不只是一個地域之間的接觸面，又或者是一個要保持距離的他域；它也可以代表一種乍遠還近的神祕秩序，主宰海岸社會的運作模式。這些信仰文化或許稱不上是思想的主流，但卻擁有一定的存活空間和傳播脈絡。即使它們未必有實務性的功效，但對於形形色色的海洋活動，以至決策者的籌海方略各方面，也可以產生一種特殊的影響。

38〈長蘆巡鹽御史鄭禪寶署理天津水師都統拉錫奏為奉旨修建天津水師營城內廟宇事〉（雍正七年十二月十九日），中國第一歷史檔案館藏硃批奏摺，檔號：04-01-37-0019-029。

圖 3-3　清代廣州媽祖廟

圖 3-4　香港的洪聖古廟，建於 1773 年。

技藝生疏，漸致廢弛

天津水師在雍正年間得以大肆發展，成效頗算卓著，可惜步入乾隆初年，卻漸顯不少弊端。首先，由於渤海一帶的海匪日漸消滅，天津水師變得無所事事，加上乾隆初期對水師的監控與提醒，均未如雍正一代嚴謹，軍中隨之形成一種惰性，導致「平素操演，甚屬懈怠」。時任水師營都統阿揚阿更是年過七十六，兼有痰疾，出入需人扶掖。每遇操演之期，大多不能親身看閱。都統一方面約束不嚴，兵丁另一方面缺乏指教，水師難免「技藝生疏，漸致廢弛」。有鑑問題日益嚴重，乾隆在一七四三年，決定傳令副都統常久，會同天津鎮總兵傅清（？—一七五〇）查明天津八旗水師的操演情況。常久和傅清的報告非常負面，軍中的大小問題表露無遺：

> 天津水師營兵丁平素操演，甚屬懈怠。自設立以來將近二十餘年，至今海內行駛尚未熟知。每年春、秋開操之期，將戰船停泊海口之內，逢都統查看之時，略為撐駕，潦草塞責。及至看後，兵丁隨在船中吃酒玩錢，並不上緊演習，以致有名無實。[39]

一句「有名無實」，大概概括了天津水師當時的概況。然而，乾隆對八旗水師仍未完全失望。在檢閱常久和傅清的密奏後，他反而銳意整頓滿蒙水師的編制，增設副都統，另加滿兵一千員，希望可以去蕪存菁。乾隆深知滿人不熟海事，但他依然相信，八旗子弟假以時日，定能有所建樹。只可惜，天津水師在整頓期間不但未能一洗頹風，怠惰、塞責、操演生疏等問題更加變本加厲。一七六七年，乾隆東巡校閱天津水師後，對其表現大失所望，隨即把心一橫，果斷地裁撤天津滿蒙水師，上諭曰：

> 該營官分別罷斥，兵丁概行裁撤，以原駐大沽營之陸路游擊移駐新城，改名葛沽營。其中軍守備移駐大沽營，分轄營汛。自是海口一帶，但有陸路弁兵，不設舟師。[40]

自此以後，滿蒙水師宣告解散，八旗子弟經運河、江海等水路分別移遷到福建、廣東和甘肅等地。自一七二五年起，天津八旗水師由籌建到裁撤，凡四十二年，正式完成它的歷史任務。一直到了一八一六年，嘉慶為求加強天津濱海的防衛，方才決定重建天津水師。但朝野上下對於是否重建由滿蒙子弟擔持的八旗水師，依舊有點保留。最後，嘉慶皇帝認為重新安設八旗子弟駐防京畿海疆，「事宜過於繁重」，相反，由東南沿省調動兵員，組建天津綠營水師，在各方面看來也比較「簡便可行」，因而頒布上諭：「著兩江、閩浙、兩廣總督各就該處地方情形，共抽裁名糧一千名，交天津新設之水師營官弁照額募充，分營管轄。」[41]

不過，天津的八旗水師營在乾隆年間被裁撤，卻不代表直隸海防從此懸空。隨著天津水師的解散，直隸海疆的防務重心便轉移至新城和大沽。但新城、大沽兩營，按乾隆的旨意是「不設舟師」的，意思是只保留沿岸兵將，不再製船造艦。如是者，直隸一端的海上巡哨，自一七六七年之後，主要是依靠山東、旅順兩岸的兵船。就乾隆中葉以後的籌海方略而言，只要有效掌控蓬萊、廟島和鐵山一線的渤海海峽，東北海疆自然可以「洋面綏靖」。這階段的防海策略，明顯較雍正年間的稍見鬆弛。如果要應付海匪盜賊，或許依然有其成效；但要面對十九世紀以後，西歐列強的海上進擊，便不免有點力不從心了。由於十九世紀的歷史不是本書的重心，所以只好輕輕帶過。有興趣的讀者可以參考書末的延伸書目，內裡有不少專著，大可補充十九世紀的海防歷史。

39〈天津滿洲水師營副都統常久天津鎮總兵傅清奏為遵旨查明天津水師營兵丁操演懈怠各情據實復奏事〉（乾隆八年六月二十九日），中國第一歷史檔案館藏硃批奏摺，檔號：04-01-16-0019-008。

40 道光年間的〈太常寺少卿曹師曾奏為條陳天津水師不應裁撤事〉（道光元年五月二十六日），便記錄了乾隆裁撤天津滿蒙水師的始末，中國第一歷史檔案館藏錄副奏摺，檔號：03-2857-016。

41 同前注。

小結

總括而言，渤海的海洋軍事化，在十八世紀大致可以分為三個階段，分別是順康時期的「開拓期」，雍正至乾隆初年的「鞏固期」，以及乾隆中葉以後的「轉型期」。所謂「開拓期」，主要集中在水城、水師地點的確認與籌建，以及海疆防務藍圖的規劃和制定。而「鞏固期」，無疑就是在固有的水師結構上，完善制度，撥亂反正，強化基礎。最後的「轉型期」，意思是對一直以來依靠三省共同協防的方略，有所轉型。正如上文所述，乾隆對於直隸一邊的海防，在一七六七年之後並沒有顯著的籌建。換句話說，環渤海地區的海防，自此便集中在蓬萊、廟島的中路防衛。這轉型實有別於康雍年間的防海法則。不過，儘管在海防策略上有所更變，渤海水域的戰略性，在盛清一代依然舉足輕重。即便在所謂太平無事的盛世，我們原則上也可以看到，清廷並沒有忽略東北一帶的海上布防。「建威消萌，有備無患，時刻稽察留心」，大概就是康、雍、乾三代籌海方略的基本面向和構想。

第二部分

第四章

《海錯圖》

清代學人對海洋物種的想像與書寫

九一八事變後，東北三省盡歸日軍所有，華北平原自然脣亡齒寒。為免北平故宮的珍寶被皇軍洗劫一空，國民政府決定爭分奪秒，搶運國寶。元老張繼（一八八二—一九四七）主張把藏品遷往西安，時任故宮博物院院長易培基（一八八〇—一九三七）則建議南移上海。經歷多輪商議，故宮文物最後分三路南下，以四川成都、重慶等地為終點站。[1] 抗日戰爭勝利後，國寶再次被轉運南京。一九四六年，第二次國共戰爭爆發，國民黨屢戰失利，蔣介石下令從南京文物中挑選二千九百七十二箱，由軍艦中鼎號、崑崙號和海滬號分階段東遷臺灣。在接近三千箱的珍物當中，《海錯圖》便是船艦上的其中一件瑰寶。有趣的是，《海錯圖》合共四冊，但只有第四冊被送往臺灣，其餘三冊一直存放南京故宮分院；及至新中國成立，《海錯圖》的首三冊方才跟隨其他文物一併北返，重新收藏北京故宮博物院。只有一冊圖本被送往臺灣的真正原因，恐怕已不太可考，但可以肯定的是，直至目前為止，《海錯圖》也是分貯兩地。如果要檢覽全四冊的珍本，便不得不先後走訪北京和臺北兩地了。

究竟什麼是《海錯圖》？海錯一詞，最早可見於《尚書》〈禹貢〉篇，文中有云「厥貢鹽絺，海物惟錯」，意思是海中生物，種類繁多，龐雜交錯。推而思之，《海錯圖》就是載錄這些海洋生物的名冊圖本。在西歐國家，海洋生物的形態特徵，不時會見於海洋文學、海圖，甚至是相對通俗的百科全書當中。反觀傳統中國，我們雖有「海錯」一詞，但對於汪洋生物的觀察與記錄，卻遠遠不及西方的詳盡和悠久。以「海錯」為題的文本或創作，在宋元明清，更加是乏善可陳，由此可見，以海洋物種為專務的探研，在傳統中國，實在稱不上是一門顯學。一直要等到康熙年間，我們才看到一部比較有系統，且圖文並茂的紀錄面世：它就是本章節的主角，由學人聶璜所著的《海錯圖》四冊。

聶璜的《海錯圖》，一向也沒有得到史學家太大的重視；原因無非「海錯一學」，在明清的學術思潮，大概只是處於末流位置，沒什麼經世致用的微言大義。不過，隨著故宮博物學的興起，《海錯圖》等特色藏品，陸續被編修為「重構經典文化工程」之寶藏。[2]在這股風潮下，聶璜的《海錯圖》便開始得到廣泛的關注。自二〇一四年起，以《海錯圖》為主題的專著相繼出爐，以文字配合圖像的手法，呈現《海錯圖》的內容和特色。不過，這些專著通常以敘事式的方法撰寫，內容雖然吸引人，但大多只是將《海錯圖》的記載，娓娓推陳道出。在我看來，《海錯圖》的重要性實在不止於此。我們大可在近幾年的研究基礎上，借鑑海洋史的視角，將《海錯圖》放置於人與海洋世界關係（human-sea relations）的脈絡之中，從而探討人類社會與海洋生命的交互，豐富清代海洋史的時代面向，且為《海錯圖》灌注一層新的歷史意義。

1 詳參魏奕雄，《故宮國寶南遷紀事》（北京：故宮出版社，二〇一六）。

2 除了《海錯圖》，清宮所藏的《獸譜》和《鳥譜》也被重新得到重視。

人海關係

人類社會和海洋世界的關係，可以是一個國際研討會上的大論題。其中所牽涉的，不但包羅萬象，而且千絲萬縷。海貿，海戰，海遊，海防，統統也可以是人海關係的一環。不過這些關係的構成，其實也有一些可見的脈絡軌跡。比方說以上的各種「人海互動」，無非把海洋視作一個接觸面，又或者是一個天然屏障，育成經濟、文化、軍事、國防等方面的發展，是一種相對「共存」的概念。

至於另一種「人海關係」，就是對海洋世界進行剝削或支配，諸如對海底資源進行探採，甚至是移山填海等工程。這種人海關係，便很難稱得上是一種「共存」關係。當然，在二十一世紀，我們開始有保育制度的推廣，對海洋資源大多採取一種「適度挪用」的態度，促令海洋生態不致失衡，確保「可持續」發展。也有學者認為，在前近代時期，人類社會已經形成一種類似「保育」的思想。譬如中國會有「竭澤而漁」的警示，清人也有鼓勵植樹的行為。[3] 然而，即使這些概念算是有跡可尋，但在制度的框架內，「保育環境」終究沒有形成一套完善的法規。雖說傳統中國素有「與大自然為友」，[4] 尊崇天人合一的思想，但由於明清時代的經濟開拓與社會發展，生態環境的惡化終究沒有緩減。[5] 所以，在十七、十八世紀，「保育」思想依舊未及成形，這種「人海關係」自然稱不上是一種和諧的交互。和其他自然空間相仿，海洋世界往往是被人類文明剝削的一個生態與場域。

獵鯨捕魚，便是人類社會對海洋世界的一種典型剝削。各種大小魚類的生成，對於整個汪洋大海而言，一直也擔當著非常重要的調節作用。魚群的衍生和流動，對海潮方向、海洋溫度等水文結構亦有程度上的影響。在人類進行大規模捕魚前，海洋生物之間的平衡，正如美籍作家科蘭斯基（Mark Kurlansky）所說，主要就是依賴魚類的繁殖和牠們的生命周期來維繫。[6]倘若這些循環被中斷或打破，海洋生態自然會出現更動，有必要作出調適。

不過，如果從人類社會的角度出發，捕魚便是大部分沿海社群的生存依靠。一些群島，又或者沿海地區，並不一定有肥沃的土地適合耕作，更不一定有豐沛的牛羊禽畜可供牧養。如是者，海洋世界可以說是他們的生命搖籃。比如在太平洋中心的斐濟群島，當地居民自古以來便是依靠捕魚為生；[7]又例如中國的福建省，山多農地少，沿海百姓若不依仗出海捕

3 張建民，《明清長江流域山區資源開發與環境演變：以秦嶺—大巴山區為中心》（武漢：武漢大學出版社，二〇〇七），頁一〇。

4 季羨林，〈天人合一新解〉，載季羨林、張光璘編，《東西文化議論集》（北京：經濟日報出版社，一九九七），頁七四。

5 汪榮祖，〈「天地之盜」：明清帝國生態危機綜說〉，《中國文化研究所學報》，第五十一期（二〇一〇年七月），頁一一四。

6 Mark Kurlansky, *Salmon: A Fish, the Earth, and the History of a Common Fate* (New York: Oneworld, 2020).

魚，實在難以生存。話說到這裡，我希望藉此帶出我對「中國自古以農立國」的一些看法。無庸置疑，中國歷朝君王，無一不重視農桑的發展與其根本。不過，我們同時也需要留意「以農立國」這思維上的盲點。簡單來說，中國對米糧穀稻有大量需求，並不代表它處處也是土地泱沃，稻田千里。

事實上，中國的米稻供應，只可以依靠有充沛水源的平原和盆地而已。所以，每遇旱災失收，便時常會出現糧米不繼的問題。雖然自隋唐以來，中國已有囤倉儲糧的制度，但一旦爆發天災人禍，儲糧往往不足以應急濟貧。換句話說，糧食危機不只是現世中國方才面臨的問題，在標榜「以農立國」的帝制時代，已不時陷入糧米短缺的窘境。另一方面，「以農立國」的說法，並不代表天下黎庶也必然務農為生。很多在沿海、邊陲地區的，便有他們獨特的生存系統，與農業的關係不算密切。其中最常見的，便有狩獵、採果和捕魚。所以，我們在理解「以農立國」這個看似「超穩定」[8]的概念時，實有需要多加斟酌，當心留意宏觀視野與區域結構之間的落差。

捕魚可以關乎一個族群的生存和發展；然而，在捕魚業愈趨普及的明清時代，品嘗魚鮮便不只是「能否生存」的問題。從明清一代的菜譜食單、學人文書可見，「品魚嘗鮮」已經成為一門學問。其中的講究和深度，既可以反映捕魚業背後的文化組成，亦可以進一步了解市場擴展的樣式與規模。至於魚類的品種、價格、烹調技巧諸方面，更逐漸形成一種跨越市場和飲食文化的體系，成為都市化（urbanisation）的一部分。至於漁商之間，亦開始出現不同程度的競爭和角力。為了捕獲價值昂貴的魚種，漁商不免各出其謀，一方面對水文氣象進行探研，另一方面則逐步深化各種捕魚的方法和策略，當中包括船速、船身的耐久度，以至捕魚硬體的改良等等。從明人林日瑞出版的《漁書》可見，當時已經有一種「環雙船圍網」的新法，作業時由熟悉海道的專才登船瞭望，偵察魚群。至於南海一帶，亦有以「帶鉤、標槍和繫繩索」的方法出洋捕鯨。而在東海小黃魚活躍之時，漁民也會根據黃魚的習性和洄游路線，利用「竹筒測魚」的技巧，用魚網截流捕撈。除此之外，「聲驅」與「光誘」也是當時相對新進的助漁方法。[9]可惜的是，這些捕魚技術的進步與革新，對海洋世界的生命與生態而言，剝削可謂更有甚焉。

當「品魚」成為一種文化，社會便開始出現對海洋物種的好奇和探詢。我認為聶璜的《海錯圖》，很大程度上，也是在這個氛圍下得以成書的。不過，在捕魚逐漸經歷都市化、

7 Geoffrey Clark and Katherine Szabó, "The Fish Bone Remains," in Geoffrey Richard Clark and Atholl Anderson, *The Early Prehistory of Fiji* (Canberra: The Australian National University Press, 2009), p. 213.

8 語出金觀濤、劉青峰，《興盛與危機：論中國社會超穩定結構》（香港：香港中文大學出版社，一九九二）。

9 有興趣的讀者可以參考李士豪《中國漁業史》（臺北：臺灣商務印書館，一九九三年版）；又或者沈同芳《中國漁業歷史》，載其《萬物炊累室類稿》（上海：中國圖書公司，一九一一）。沈書被史家認定為中國第一部漁業史的著作。

市場化的過程時，「博物學」的普及和發展，相信對聶璜亦有所影響。「博物學」當然並不始於明清，自魏晉以來，學人對植物、動物、礦物等自然生態已開始有既宏觀、且微觀的觀察。陸機（二六一—三〇三），張華（二三二—三〇〇），郭璞（二七六—三二四）等名士就是這方面的代表學者。明清之際，「博物學」變得更具系統，並且帶有一抹專業化的色彩。李時珍（一五一八—一五九三）的《本草綱目》，便是其中的佼佼者。由於李時珍的著述嚴謹，《本草綱目》便分別成為本草學與博物學的經典。博物學因而深化了和其他學科進一步整合的契機，聶璜的《海錯圖》，大概也承載了這種博物學的譜系，為海洋生態「窮盡所有，識多考詮」方面作出不少貢獻。

聶璜與《海錯圖》

《海錯圖》不僅是一部海洋物種的博覽，它也是聶璜的生命歷史。有關聶璜（字存庵）的資料，不易查找，所以我們只好依仗他在《海錯圖》的〈序文〉和〈跋文〉中尋找線索（見圖4-1）。加上聶璜未曾仕官，所以在進士秀才等名錄中也沒有資料。相信他也不是商界中人，否則有關他的從商紀錄，應該在筆記文書中可以窺探一二。至於在康熙年間出版的州縣府志，我們也沒有聶璜的記載。由此推論，他應該是一位名不經傳的學人。雖然聶璜沒有很大的名氣，但從他在《海錯圖》的文字可見，他大概是一位博覽群書的名人雅士。他的行文以至辭章擇句，大多引經據典，筆風爽健清脆，並不似左徵右抄的小道文章。

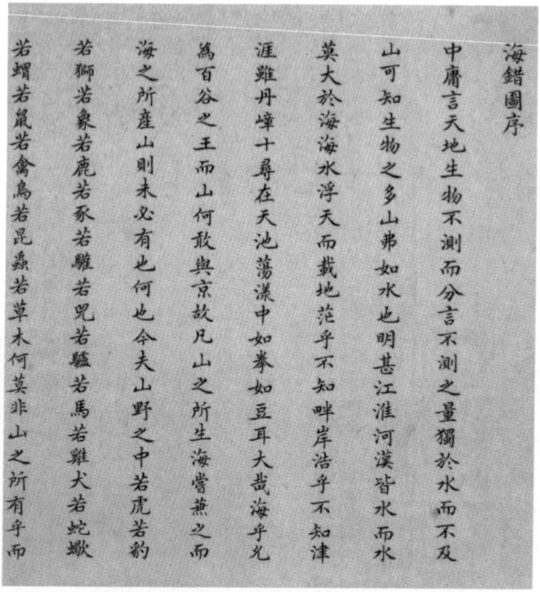

海錯圖序

中庸言天地生物不測而分言不測之量獨於水而不及山可知生物之多山弗如水也明甚江淮河漢皆水而水莫大於海海水浮天而載地茫乎不知畔岸浩乎不知津涯雖丹嶂十尋在天池蕩漾中如拳如豆耳大哉海乎允為百谷之王而山何敢與京故凡山之所生海嘗兼之而海之所產山則未必有也何也今夫山野之中若虎若豹若獅若象若鹿若豕若雕若兕若驢若馬若雞犬若蛇蠍若蝟若鼠若禽鳥若昆蟲若草木何莫非山之所有乎而

圖 4-1 《海錯圖・序》

事實上，在十八世紀中國，和聶璜背景相似的文人學士多不勝數。正如我在上一章已曾提及，盛清一代，人口急速膨脹，可惜晉身仕途的機會卻沒有顯著增加。加上科舉考試的競爭愈見激烈，落第失意的學人，十有八九絕對不足為奇。相較前朝，盛清時期在科舉落榜的人數，比例遠高於十六、十七世紀。如是者，即使滿腹經綸，亦不一定有入仕官場的命運。闈場碰壁的，要麼就捲土重來，要麼會「棄儒就賈」。當然，也有部分學人對科場或商場沒甚興趣；他們或會另謀出路，甚至隱居田野，閒時讀書寫作，出版各式文集。

從《海錯圖》的自序可見，聶璜未有毅然從商，也不期望寄情山水。和大部分文人學士不同，最令聶璜感興趣的，始終是汪洋大海中的千奇生物。他在序文中有言：

> 予圖海錯，大都取東南海濱所得者為憑。錢塘為吾梓里，與江甚近，而與海稍遠，海錯罕觀。及客台甌幾二十載，所見無非海物。康熙丁卯，遂圖有《蟹譜三十種》。（見圖4-2）

從這段引文可知，聶璜是錢塘人。但由於錢塘地近江河，距離汪洋頗遠，為了能有更多機會接觸海洋各物種，聶璜在一六六七年便決定移居台甌，即今浙江台州、溫州一帶。在台甌生活近二十年，遂著成《蟹譜三十種》一書，相信是聶璜第一部以海物為主的記實。他對大小蟹種饒有興趣，其中一個目的是希望豐富當時既有的紀錄。正如他在序言中有云：「海錯自昔無圖，惟《蟹譜十二種》，唐呂亢守

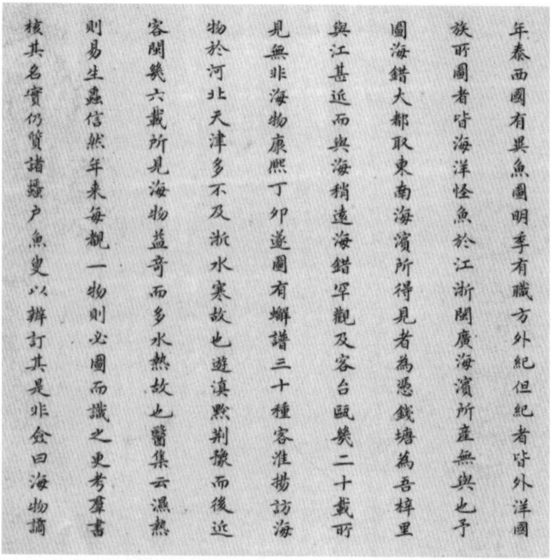
年泰西國有異魚圖明季有職方外紀但紀者皆外洋國
族所圖者皆海洋怪魚於江浙閩廣海濱所產無與也予
圖海錯大都取東南海濱所得見者為憑錢塘為吾梓里
與江甚近而與海稍遠海錯罕覯及客台甌幾二十載所
見無非海物康熙丁卯遂圖有蠏譜三十種客淮揚訪海
物於河北天津多不及浙水寒故也遊滇黔荊豫而後近
客閩幾六載所見海物益奇而多水熱故也醫集云濕熱
則易生蟲信然年來每覯一物則必圖而識之更考羣書
核其名實仍質諸蜑户魚叟以辨訂其是非僉曰海物讁

圖 4-2 《海錯圖 · 序》

台所著。《異魚圖》，不知作者，僅存有贊，圖本俱失傳，無可考。」根據聶璜的觀察，中國自古以來，也沒有什麼針對「海錯」的圖本存世，唯一例外的是《異魚圖》和《蟹譜十二種》。前者早已失傳，而很明顯，《蟹譜三十種》就是在《十二種》的基礎上完成。

聶璜提到《異魚圖》已「不知作者」，這可值得商榷。事實上，《異魚圖贊》，乃是明代學人楊慎所撰，及後被紀昀收入《四庫全書》子部譜錄類，〈草木禽魚之屬〉（見圖4-3）。全書共四卷，主要記載各種魚類的特徵，以至牠們的名字出處和活躍海域等等。其中不少記載也是言簡意賅，並且十分生動。好像記〈比目魚〉的一節：「東海比目，不比不行，兩片得立，合體相生，狀如鞋屧，鰈實其名。」從文字得見，比目魚活躍東海，通常也是並肩而游，否則牠們就不動了。至於牠們的形狀，大與鞋屧很相似，所以名字原本也叫鰈魚。

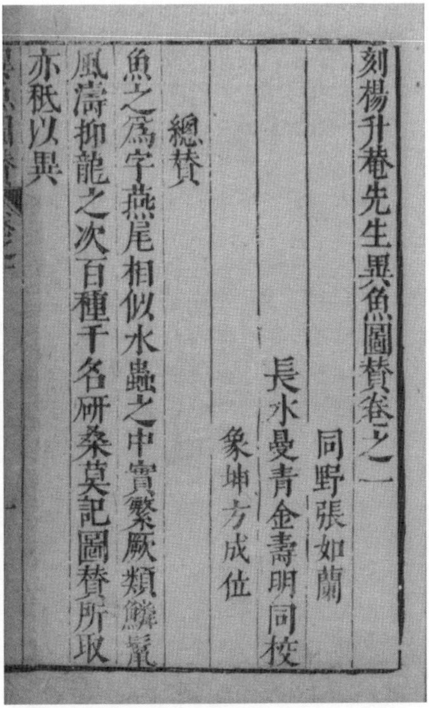
刻楊升菴先生異魚圖賛卷之一
同野張如蘭
長水曼青金壽明同校
象坤方成位
總賛
魚之爲字燕尾相似水蟲之中實繁厥類鱗鬣
風濤抑能之次百種千名研桒莫記圖賛所取
亦秪以異

圖4-3　楊慎的《異魚圖》。

說起《異魚圖》，便不得不提在咸豐年間，由畫家趙之謙所繪的各種海洋生物，同樣命名為《異魚圖》（見圖4-4）。雖然我們不知道趙氏有沒有延續海錯一學的打算，但我相信他有讀過聶璜的作品。不過趙之謙的《異魚圖》，特色在於他所繪記之物，大多比較罕見，正如其友人胡澍在〈引首〉中有言：「圖異魚非好異也，他魚不待圖也。」所以趙氏記錄的，大多

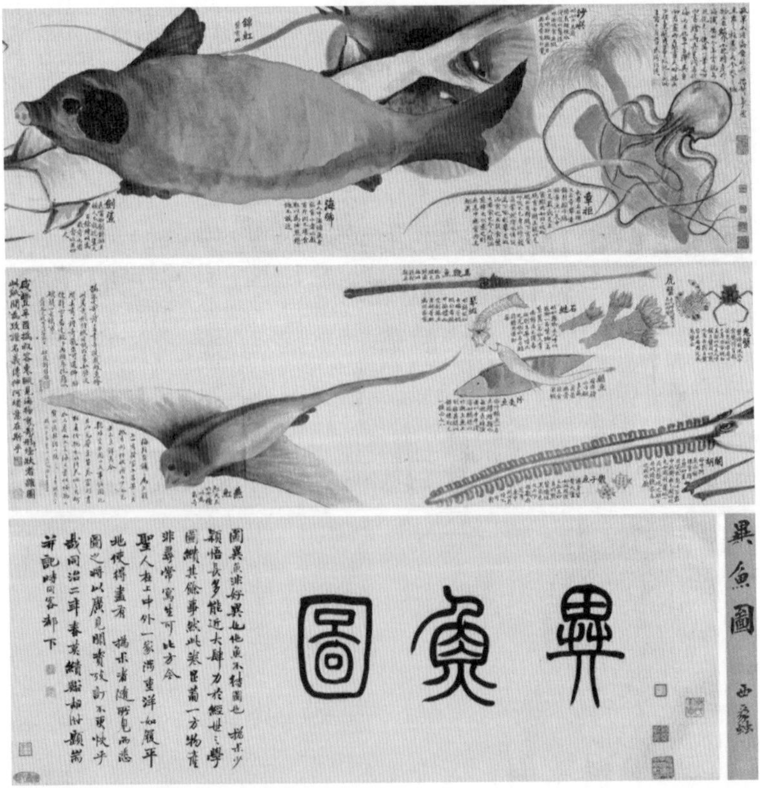

圖 4-4　趙之謙的《異魚圖》。

相對怪異，諸如沙噀、章拒、錦魟、海豨、劍鯊、鬼蟹、虎蟹、燕魟、馬鞭魚、闌胡、骰子魚等等。單看名字，我們大概已有一個概念，明白「魚類奇異」於何處。相比趙氏的《異魚圖》，聶璜的《海錯圖》可算較為平實，貼近一般海岸社群的生活。如果我們將《異魚圖》和《海錯圖》一併閱讀，便可以粗略掌握清代海洋常見與珍罕的物種；由此，我們也可以說明清學人對千奇海物的理解，並不只是一種隨意的觀察，他們所書寫的，不時也帶有一種「博覽獵奇」的執著。

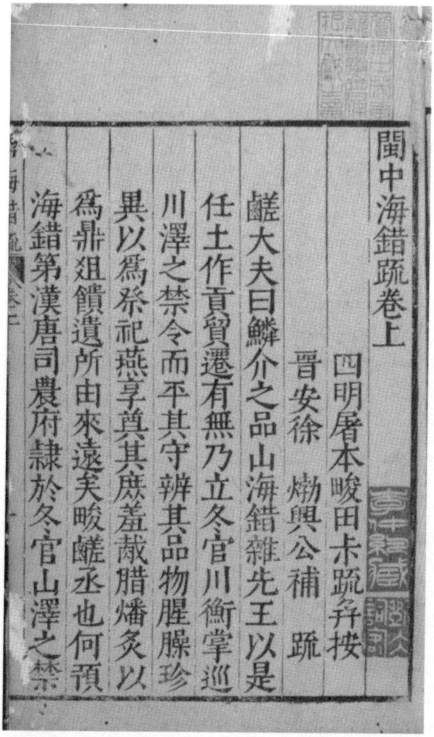
閩中海錯疏卷上
四明屠本畯田尗疏并按
晉安徐𤊹興公補疏
鱻大夫曰鱗介之品山海錯雜先王以是
任土作貢貿遷有無乃立冬官川衡掌巡
川澤之禁令而平其守辨其品物腥臊珍
異以爲祭祀燕享薦羞其庶羞胾腊燔炙以
爲鼎俎饋遺所由來遠矣畯鱻丞也何預
海錯第漢唐司農府隸於冬官山澤之禁

圖 4-5　屠本畯在 1596 年出版的《閩中海錯疏》。

除了《異魚圖贊》外，明代屠本畯在一五九六年出版的《閩中海錯疏》，也是一部值得我們關注的作品[10]（見圖4-5）。雖然聶璜未有在《海錯圖》中刻意提及此書，但我估計他是知道屠氏這部著述的。雖然《閩中海錯疏》沒有像《海錯圖》一樣圖文俱備，但它卻記錄了明代福建沿海各種水產動物的形態、分布、活動環境，以至水中習性等等，頗具參考價值。《閩》書共分上、中、下三卷，首兩卷名為〈鱗部〉，下卷則為〈介部〉，合共記錄了福建海產超過二百多種。以當時的標準來說，結果算是叫人滿意的。

　　話說回來，聶璜完成《蟹譜三十種》後，可沒有中斷對海洋物種的求索。他在《海錯圖》的〈跋文〉中詳述得很清楚：

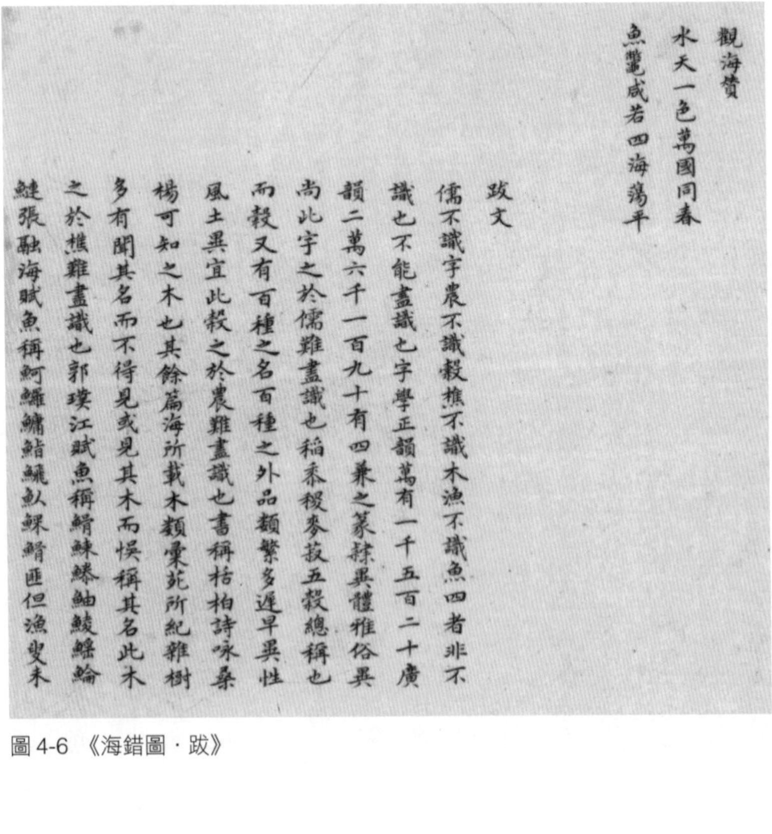
觀海賛
水天一色萬國同春
魚鼈咸若四海蕩平
跋文
儒不識字農不識穀樵不識木漁不識魚四者非不
識也不能盡識也字學正韻萬有一千五百二十廣
韻二萬六千一百九十有四兼之篆隸異體雅俗異
尚此字之於儒難盡識也稻黍稷麥菽五穀總稱也
而穀又有百種之名百種之外品類繁多遲早異性
風土異宜此穀之於農難盡識也書稱栝柏詩咏桑
楊可知之木也其餘篇海所載木類彙苑所紀雜樹
多有聞其名而不得見或見其木而悞稱其名此木
之於樵難盡識也郭璞江賦魚稱鯖鰊鰷鮋鮻鰫鯩
鮭張融海賦魚稱魺鯔鱅鮨鯤魞鯠鰭匪但漁叟未

圖 4-6 《海錯圖・跋》

> 客淮揚，訪海物於河北、天津，多不及浙，水寒之故也。游滇、黔、荊、豫而後，近客閩幾六載，所見海物益奇而多，水熱之故也。醫集有云，濕熱則易生蟲，信然。年來每睹一物，則必圖而識之，更考群書，核其名實。仍質諸蜑戶魚叟，以辨訂其是非。

（見圖4-6）

這段引文大概綜合了聶璜走遍南北，追尋海物的生命歷程。他所記的，主要包括魚類、蝦蟹等海產，當中也有珊瑚、珍珠的描寫。記錄的宗旨，正如聶璜在上文所示，主要希望教導讀者辨訂品種的真偽，是一部集考據與博物學於一身的指南；但在內容上來看，《海錯圖》與西方世界的海物研究相比，始終有一些差別。

龍德萊與聶璜

事實上，歐洲大陸對魚類海產的研究由來已久，最早可見於亞里斯多德的《動物志》

10 除了《閩中海錯疏》外，屠氏還著有《海味索引》、《野菜箋》、《離騷草木疏補》等貼近日常生活的作品。

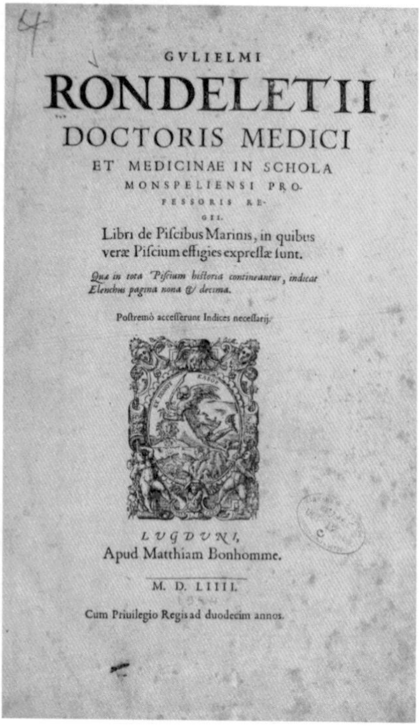

GVLIELMI
RONDELETII
DOCTORIS MEDICI
ET MEDICINAE IN SCHOLA
MONSPELIENSI PRO-
FESSORIS RE-
GII.
Libri de Piscibus Marinis, in quibus
veræ Piscium effigies expressæ sunt.
Quæ in tota Piscium historia contineantur, indicat Elenchus pagina nona & decima.
Postremò accesserunt Indices necessarij.

LVGDVNI,
Apud Matthiam Bonhomme.
M. D. LIIII.
Cum Priuilegio Regis ad duodecim annos.

圖 4-7　龍德萊於 1558 年出版的《魚類歷史全誌》。

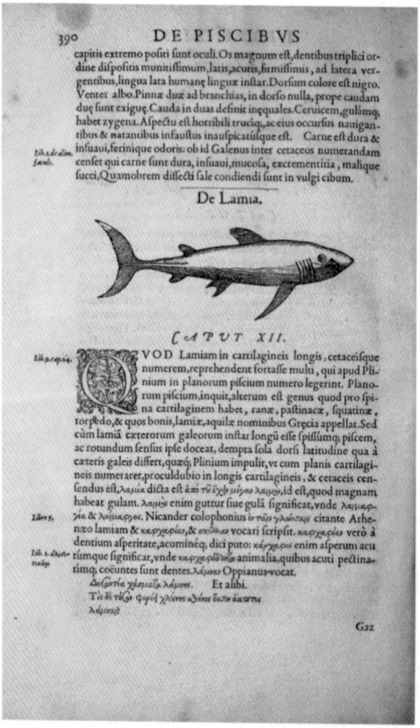

390　DE PISCIBVS

capitis extremo positi sunt oculi. Os magnum est, dentibus triplici ordine dispositis munitissimum, latis, acutis, firmissimis, ad latera vergentibus, lingua lata humanę linguæ instar. Dorsum colore est nigro. Venter albo. Pinnæ duæ ad branchias, in dorso nulla, prope caudam duę sunt exiguę. Cauda in duas desinit inęquales. Ceruicem, gulámq; habet zygena. Aspectu est horribili trucíq;, ac eius occursus nauigantibus & natantibus infaustus inauspicatúsque est. Carne est dura & insuaui, ferinique odoris: ob id Galenus inter cetaceos numerandam censet qui carne sunt dura, insuaui, mucosa, excrementitia, malique succi, Quamobrem dissecti sale condiendi sunt in vulgi cibum.

Lib. 3. de alim. facult.

De Lamia.

CAPVT XII.

Lib. 9. cap. 24.

QVOD Lamiam in cartilagineis longis, cetaceísque numerem, reprehendent fortasse multi, qui apud Plinium in planorum piscium numero legerint. Planorum piscium, inquit, alterum est genus quod pro spina cartilaginem habet, ranæ, pastinacæ, squatinæ, torpedo, & quos bonis, lamiæ, aquilæ nominibus Gręcia appellat. Sed cùm lamiā cæterorum galeorum instar longū esse spissúmq; piscem, ac rotundum sensus ipse doceat, dempta sola dorsi latitudine qua à cæteris galeis differt, quæq; Plinium impulit, vt cum planis cartilagineis numeraret, proculdubio in longis cartilagineis, & cetaceis censendus est, λαμία dicta est ἀπὸ τοῦ ἔχειν μέγαν λαιμὸν, id est, quod magnam habeat gulam. λαιμὸς enim guttur siue gulā significat, vnde λαιμαργία & λαίμαργος. Nicander colophonius ἐν ταῖς γλώσσαις citante Athenæo lamiam & καρχαρίας, & σκύλλας vocari scripsit. καρχαρίας verò à dentium asperitate, acuminéq; dici puto: κάρχαρος enim asperum acutúmque significat, vnde καρχαρόδοντα animalia, quibus acuti pectinatímq; coëuntes sunt dentes. λάμνας Oppianus vocat.

Libro 5.

Lib. 1. ἁλιευτικῶν.

Δυσβατία χάσματα λάμνης. Et alibi.
Τὶς δὲ τόσον φορίῃ χλόης αἰζήιος ὅσσον ἀάατου
λάμνας?

Gz2

圖 4-8　《魚類歷史全誌》內頁。

（*History of Animals*）。不過，《動物志》的哲學性和文學性畢竟較強，書中詩文諸如〈悲鴻的哀歌〉、〈玄鶴的徙遷〉、〈海豚的和鳴〉等等，都是主導讀者多加思辯的文哲讀物，若執意把它歸類為海洋自然學的經典，或許有點不妥。惟要等到法國學者龍德萊（Guillaume Rondelet）於一五五八年出版《魚類歷史全誌》（*L'Histoire entiere des poissons*），歐洲的魚類研究，方才出現一個比較鮮明的輪廓（見圖4-7）。《魚類歷史全誌》所記載的，不僅是我們現在所區分的大小魚類，其中也包括大海中的哺乳類動物和無脊椎生物，所涉物種多達四百四十項，幾乎涵蓋了歐洲當時可見的所有物種。[11]（見圖4-8）

龍德萊採集海物的過程與聶璜的取徑相似，兩者也是盡可能訪尋大小海岸漁村，網羅各式各樣的歷史材料。不過，龍德萊在修編《全誌》的工作時，背後可有一個團隊全力贊襄，反觀聶璜撰書的本末，從他遊走沿海省分，直至成書付梓，基本上也是孤軍作戰，更遑論朝廷的補助或支持了。另一方面，在龍德萊的時代，自然博物學在西歐已經大體成形；魚類海產、水文植物，無不分類仔細，研究也相對豐盛。反觀盛清一朝，自然博物學依舊沒有得到全面的發展。即使自西晉以來，張華已有《博物志》，北魏有賈思勰的《齊民要術》，而宋

11 David M. Damkaer, *The Copepodologist's Cabinet: A Biographical and Bibliographical History* (Philadelphia: American Philosophical Society, 2002), Part 1, p. 15.

代則有沈括的《夢溪筆談》（見圖4-9），但與西方對待自然世界的態度比擬，中國學人所追求的，始終在廣度和深度上有所分別。以十六、十七世紀的英格蘭為例，自然歷史已是一門專業，鳥類、蝴蝶、魚種、貝殼、野花、草木等類別各有理論學派，背後也有獨立的科學規律所支撐；至於中國的知識人，在博物搜奇方面，大多難以擺脫天人合一等哲理省思，所以自然博物一學，往往很難與儒理學問區隔分離。大概是因為這個原因，明清時期的自然科學便沒有與西方一樣，蛻變成為一門獨立的專門學科。

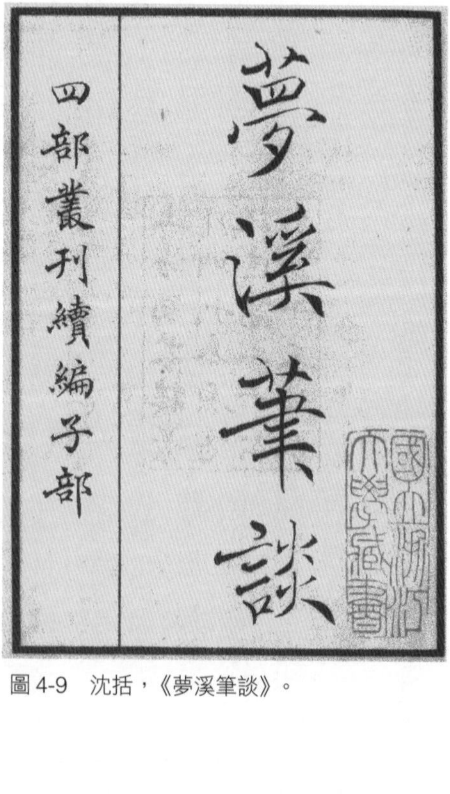

圖4-9　沈括，《夢溪筆談》。

不過我們也要留意，明清的自然博物學雖然沒有跟隨西歐的發展軌跡，但卻不代表它來得不準確、不科學。事實上，中國究竟有沒有「博物學」，又或者「自然科學」的問題，一直都是史家爭論不休的熱點。我認為討論的關鍵，很大程度在於我們如何定義「科學」一詞。我們現在對博物學的認識，基本上是建基西方對自然學的分析和判辯；如果單就西方傳統的觀點去定義中國的「博物」著作，顯然會有失偏頗。須知道「博物學」這概念，在不同時期的定義也有其變化；換句話說，若只以單一標準去檢視不同地區與時空的獨有特色，無疑有點以偏概全。

《海錯圖》的內容大要

正如前文所言，《海錯圖》第一至第三冊現存北京故宮博物院，而第四冊則藏於臺北。四冊《海錯圖》均屬紙本，長三十一點五公分，寬六十七點三公分。按《石渠寶笈續編》的記載，《海錯圖》「畫海錯三百七十一種，每種各系說贊，間有考辨」。順道一提，《石渠寶笈》是研治清代物質文化史的重要入門史料（見圖4-10），書中詳細記錄清廷內府收藏的書畫名蹟，全書分為初編、續編和三編；至於宮廷所藏的宗教書畫，則收入另一部姊妹著錄《秘殿珠林》。自宋元以來，中國內廷的書畫珍寶收藏，可謂籤軸繁複。宋徽宗曾敕編《宣和畫譜》，一直也被視為官修繪畫著錄的重要典籍。及至盛清一朝，為了彰示文治的輝煌，康、雍、乾三代也著力尋訪天下罕物，書畫古玩。所收珍物大多庋藏於乾清

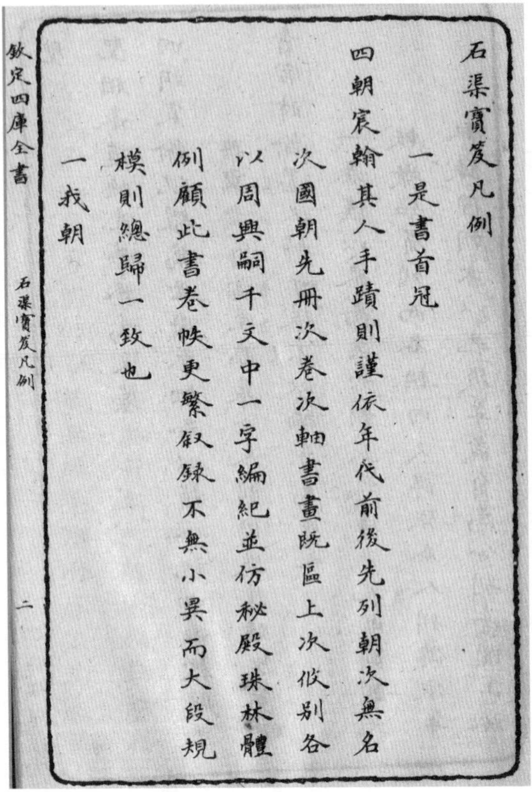

欽定四庫全書

石渠寶笈凡例

一是書首冠

四朝宸翰其人手蹟則謹依年代前後先列朝次無名

次國朝先冊次卷次軸書畫既區上次攸別各

以周興嗣千文中一字編紀並仿秘殿珠林體

例顧此書卷帙更繁叙錄不無小異而大段規

模則總歸一致也

一我朝

石渠寶笈凡例　二

圖 4-10　《石渠寶笈》

宮、養心殿、重華宮與御書房；而在三希堂、攸芋齋、翠雲館、漱芳齋、靜怡軒、三友軒等處所，亦設有書畫藏品的名錄。《石渠寶笈》和《秘殿珠林》，就是這些藏品的一個綜合目錄，與現世的博物館館藏概覽類似。

聶璜一共收錄共三百七十一種海錯，和龍德萊的四百四十項可算相當接近。就十八世紀的標準而言，憑藉一己之力，而有如斯成果，的確叫人激賞。如果我們再仔細翻閱聶璜所收錄的海物，其品類之多，亦教後人不得不拍案佩服。魚種方面有馬鮫，黃鱴，刀魚，飛魚，球魚，環魚，青絲魚，鰐虎魚，鯊魚等；其他海物則有海豹，海馬，海蜈蚣，海藻，海帶，珊瑚，石蠣，玳瑁，朱鱉之類。這些物種，既有常見，亦有罕見的，有些只出沒於個別海域，而有些則要順應四時變化，才能撒網捕捉。由此可知，聶璜大概將其畢生精力投放於《海錯圖》的繪製之中。姑勿論它的科學性和準確性若何，《海錯圖》所承載的歷史價值，相信是不言而喻。

《海錯圖》除了圖文相應，紀錄豐富，我認為聶璜的序文，也具有相當的歷史意義；而它對我們了解清代的人海關係方面，更加是一則重要的參考。現先把序文選段抄錄如下，並且稍作分析：

> 中庸言，天地生物不測，而分言不測之量，獨於水而不及山，可知生物之多，山弗如水也明甚。江淮河漢皆水，而水莫大於海。海水浮天而載地，茫乎不知畔岸，浩乎不知津涯，雖丹嶂十尋，在天地蕩漾中，如拳如豆耳。大哉海乎！……山與海大小之量何如？無怪乎生物多寡，相去懸殊，是以禹貢惟以錯稱海物也，概何知矣。夫錯者，雜也，亂也，紛紜混亂，難以品目，所謂不可測也。

這段文字，大致概括了明清學人對待山水自然的基本態度。天下生物繁多，可見於山脈江河。但要論物種之複雜，則難以與汪洋大海中的去比擬。和山川河泊不同，大海的範圍是無限的。這種無限不僅在於面積上的浩瀚，故有「不知畔岸，不見津涯」的描寫；它更包含一種認知上的距離感，內裡藏著很多未知變數，不但神祕，而且充滿新奇，「不可測也」。聶璜大概就是受到這種刺激所驅使，矢志探索汪洋大海中的無限、「雜亂」與未知。常言道，西歐民族，大多不畏浪濤，具備一種外向的「海洋性」性格。中國人則較為內向，是一種典型的「大陸性」取向。倘若我們就聶璜的成書動機和背景而論，或許可以提出一些個別例子，稍微修正這種過分二元的解讀。

> 允為百谷之王，而山何敢與京？故凡山之所生，海嘗兼之。而海之所產，山則未有也。何也？今夫山野之中，若虎若豹，若獅若象，若鹿若豕，若驪若兕，若驢若馬，若雞犬，若蛇蠍，若猬若鼠，若禽鳥，若昆蟲，若草木，何莫非山之所有乎？而海中鱗介等物多肖之。虎鯊變虎，鹿魚化鹿，鼠鮎誘鼠，牛魚療牛，象魚鼻長，獅魚腮闊，鶴魚鶴喙，燕魚燕形，刺魚皮猬，鰩魚翅禽，魟魚蠍尾，豬魚豕心，海驢肉腴，海豹皮文，海雞足胼，海鱸毛深，海馬潮穴，海狗涂行，海蛇如蟒，海蛭若螾，鰈魚既侔鶼鶼，人魚猶似猩猩。海樹槎丫，堅逾山木，海蔬紫碧，味勝山珍。

這段引文同樣饒具意思。很明顯，聶璜觀察海物的其中一種視角，乃以汪洋大海和名山大川的各式物種作出對照。由他的記述可見，林中虎豹，甚至是豬牛禽鳥，其實和一些海中生物也有所相似；而茂密山脈中的林木樹材，在海底世界，也有海木珊瑚枝的映襯。雖然聶璜某些比較諸如「虎鯊變虎」，「鹿魚化鹿」等有點牽強附會，但其中也不乏一些挺有邏輯的比擬。例如他以象魚寓大象、鶴魚寓鶴鳥、海蛇寓蟒等等。更重要的是，聶璜以這種視角記錄海錯，一方面可以輕易引起讀者的共鳴，另一方面，也能夠藉此拉近海、陸關係的距離。以海入陸，以陸入海，也可以算是明清以來，一種書寫海洋的方法和走向。至於海物和陸上物種同出一源，並且有其互補的主張，雖然當時並沒有人類學、考古學等引證，但這種「海陸連結、同出一道」的想法，在聶璜的論證中可算找到了端倪。

化生說

話說到這裡，我們或許會思疑，聶璜何以會有「虎鯊變虎」、「鹿魚化鹿」等想像。其實，這種生物的蛻變觀，大可以和傳統中國的「化生說」牽上關係。不過，這裡所言及的「化生說」，並非佛教義理中輪迴轉世之道，我所指的，是一種傳統學人對天下萬物形態變異的觀察。早在《山海經》、《搜神記》、《夏小正》等典籍曆書中，古人已有針對生物轉化的記載，其中「鳩化為鷹」、「田鼠化鴽」等描寫便是其中的例子。按照近世學人朱清海、趙雲鮮的說法，這種物種漸變的「化生說」，在遠古中國是一個「根深蒂固、長盛不衰的生命觀」，和西方傳統有所差異。[12]在古希臘的文化圈，大概是亞里斯多德著成《動物志》的年代，西方生物的生成，主要由「神創論」的觀點所主導。「神創論」的意思，重點在於「萬物生成，亙古不變」。至於中國傳統的化生說，恰巧和「神創論」的觀點南轅北轍，強調生物絕非萬古不變，反之會隨著環境、時代的因素而化生蛻變。不過，這種「化生說」和達爾文在十八世紀提出的「進化論」並不一樣。畢竟達爾文的論說，是以大量化石、考古發現為基礎，且以物競天擇等理論為驗證，與《山海經》等典籍所言及之「化生說」始終存在考證上的落差，這是我們需要留意的。

與其要將「化生說」和達爾文的「進化論」作出較，倒不如將它和中國的氣論思想一併討論。事實上，自宋明以來，「氣」的流動，在理解自然世界的生物組成愈趨重要。在宋明理學家的宇宙觀中，四時變化、生物循環總離不開「氣」的運行。然而，氣的運行卻沒有一定的秩序，它可以是渾然天成，也可以是無序突變；換言之，物種與物種之間，它們或許在外形、色澤上相似而有所連繫，從而釀成其中的化變，但它們卻不一定存在實質、生物學上的內在關係。簡單來說，「化生說」的演進過程，是一種相對形而上的哲理問題，結論往往建基於「氣學」等無形構想，並沒有扎實的科學驗證或者理論所支撐。

這樣說來，「化生說」彷彿一點也不「科學」；但我們卻不要忘記，正如我在前文所言，科學不科學的討論，往往不能撇除時代的限制。在宋元明清，化生說和理氣之學，可沒有受到「不科學」的批評，它們在一般學人的文化構想中，始終占據著一定的位置。它們對萬物的循環、流動與更替，更提供了一個符合社會、學術、文化潮流的解讀。

在《海錯圖》所收錄的三百七十一種物種當中，我們可以找到至少十九種「化生類」海物。當中包括外形相似的、亦有身體結構相仿的例子。比如聶璜在第一冊的〈魚虎〉章便有云：「頭如虎，背皮似蝟，能刺人。」而在〈海鯊贊〉一章，他亦有以下的刻畫：「虎頭，體黑紋，鱉足。巨者重二百斤。嘗以春晦陟於海山之麓，旬日而化為虎。惟四足難化，經月乃成……凡虎口之寬，雌者直至其耳，今虎鯊大口正像之。口內有長牙四，類虎門牙。」（見圖4-11）這些都是就形態相似為基礎，海陸物種漸而化生的例子。

至於就物種的身體結構方面，聶璜也找到一些例證。比如他在描述石首魚的時候，便發現魚的頭部有一耳石，這和「野鳧（即水鴨）頭中也有石」的特徵相乎。所以他便有「鳧化石首，載之簡冊。考核何憑？鳧頭有石」的總結。從水鴨和石首魚之間的關係，到「鯊變虎」（見圖4-12）、「鹿魚化鹿」（見圖4-13）、「刺魚化箭豬」等例子，它們大致上也是同出一

12 朱清海、李思孟，〈李思孟中國古代生物循環變化思想初探〉，《自然辨證法通訊》，第六期（二〇〇一年），頁四七—五四；趙雲鮮，〈化生說與中國傳統生命觀〉，《自然科學史研究》，第四期（一九九五年），頁三六六—三七三。

轍，意念相近，相信亦可算是「化生說」在《海錯圖》中的一種推展。

《海錯圖》的實用價值

正如前文所言，品嘗魚鮮在明清兩代已經漸及普遍，不論是大江捕魚還是揚帆撒網，漁業的發展可謂一日千里。《海錯圖》所載的一百九十三種海物，其中可供食用的，合計一百一十一種；而在可食用的海產內，被視為「珍寶佳肴」者，則達四十五種之多。聶璜除了記述這些「常見海物」的特徵和由來外，他亦扼要地介紹其食用

圖 4-11 《海錯圖·虎鯊》

方法，以至醃、醉、炙等烹調技巧。以〈河豚贊〉一節為例，文中遂云：「河豚魚，江海並有……不食河豚，不知魚味，其味為魚中絕品。」不過，聶璜亦刻意提醒用家在食用河豚時，牢記此魚「有大毒，能殺人」。所以在處理豚魚時不但要「去肝、目之精、脊之血」，且務必將其「洗至極潔，煮至極熟，尤忌見塵」。如果在處理或食用河豚時不慎中毒，聶璜

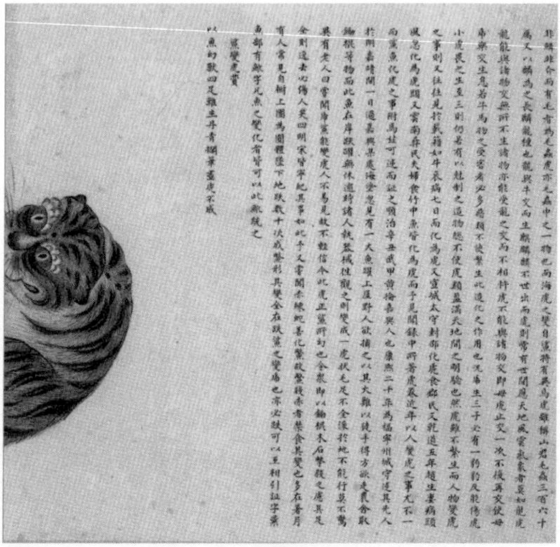

圖 4-12 《海錯圖・鯊變虎》

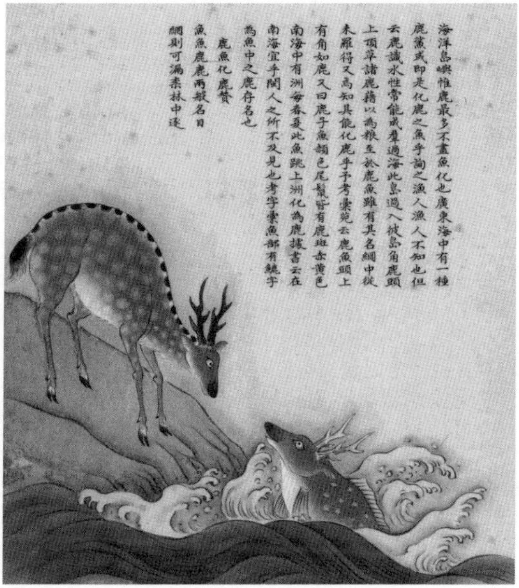

圖 4-13 《海錯圖・鹿魚化鹿》

圖 4-14　《海錯圖．河豚》

亦有言謂「治不如法，人中其毒，以槐花或龍腦水，或橄欖湯，皆可解也。龔清（黃龍湯）尤妙」。（見圖4-14）

順道一提，早在北宋一代，不少名人雅士已經開始關注「河豚性毒」的問題。蘇軾（一〇三七－一一〇一）在其〈惠崇春江晚景二首〉便提到「竹外桃花三兩枝，春江水暖鴨先知。蔞蒿滿地蘆芽短，正是河豚欲上時」，強調「食河豚值得一死」；梅堯臣（一〇〇二－一〇六〇）在〈范饒州坐中客語食河豚魚〉也有類近的紀錄：「春洲生荻芽，春岸飛楊花。河豚當是時，貴不數魚鰕。其狀已可怪，其毒亦莫加。忿腹若封豕，怒目猶吳蛙。庖煎苟失所，入喉為鏌鋣。若此喪軀體，何須資齒牙？持問南方人，黨護復矜誇。皆言美無度，誰謂死如麻。」不過，儘管食用河豚充滿風險，卻沒有令文人學士對這種「其狀可怪，其毒莫加」的海產望而卻步。晚明張岱便有〈瓜步河豚〉五律，詩云：「未食河豚肉，先尋蘆筍尖。干城二卵滑，白璧十雙纖。春筍方除籜，秋簟未下鹽。夜來將拚死，蚤起復掀髯。」這種「夜來將拚死」，旨在追逐味蕾上刺激的感覺，在中國飲食文化的歷史長河中，可算饒有意思。

與河豚相似，海藻、珊瑚、海參同樣是海物中的珍品（見圖4-15）。聶璜在書寫〈海參〉一章時，描繪同樣周詳。他特舉範例，指出海參有兩種，一種為白海參，「產於廣東海泥中，採者剖其背，以蠣灰醃之，用竹片撐而晒乾，大如人掌」。食用之前，要先將其「浸泡而去其泥沙」，然後「煮以肉汁」，則「滑澤如牛皮而不酥」。至於另一種海參，主要產於遼東一帶，「長五六寸不等」。按聶璜的記載，採這種遼參者，大多先去海參的「腹中物」，但卻「不剖而圓乾之」，相信是希望有效保留其鮮味之故。烹調的方法大概與炮製白參的類同；不過若論兩者的口感與「柔軟

圖 4-15　《海錯圖．海藻贊》

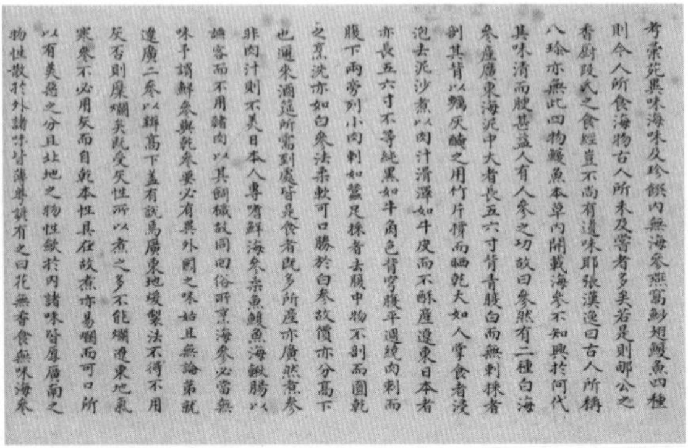

考宋苑異味海味及珍饌內無海參燕窩魦翅鰒魚四種
則今人所食海物古人所未及嘗者多矣若是則郇公之
香廚段氏之食經豈不尚有遺味耶張漢逸曰古人所稱
八珍亦無此四物鰒魚本草內開載海參不知興於何代
其味清而腴甚益人有人參之功故曰參然有二種白海
參產廣東海泥中大者長五六寸背青腹白而無刺採者
剖其背以蠣灰醃之用竹片撐而晒乾大如人掌食者浸
泡去泥沙煮以肉汁清澤如牛皮而不酥產遼東日本者
亦長五六寸不等純黑如牛角色背穹腹平遍繞肉刺而
腹下兩旁列小肉刺如蠶足採者去腹中物不剖而圓乾
之烹洗亦如白參法柔軟可口勝於白參故價亦分高下
也邇來酒筵所需到處皆是食者既多所產亦廣然煮參
非肉汁則不美日本人專嗜鮮海參柔魚鰒魚海鰍腸以
饟客而不用豬肉以其飼穢故同回俗所烹海參必當無
味予謂鮮參與乾參要必有異外國之味姑且無論第就
遼廣二參以辨高下蓋有說焉廣東地暖製法不得不用
灰否則腐爛矣既受灰性所以煮之多不能爛遼東地氣
寒參不必用灰而自乾本性具在故煮亦易爛而可口所
以有美惡之分且北地之物性斂於內諸味皆厚廣南之
物性散於外諸味皆薄粵諺有之曰花無香食無味海參

圖 4-16 《海錯圖》記載海參的段落。

圖 4-17 《海錯圖．海龍魚》

度」，遼參則較白參略高一籌，所以其「價值亦有高下之分」。（見圖4-16）

除了海物的食用性，聶璜也注意到牠們的藥用價值，諸如海鰻、海龍魚、海馬等「海中奇物」的功效（見圖4-17）。事實上，在傳統中國，藥食同源的概念早已由來而久。所謂藥食同源、或醫食同源，泛指一般本草藥品，既可以治病療癒，亦可視作保健強身的食材；而我們平常進食的五穀菜糧，大部分也具有一定的藥療價值。是故《黃帝內經》的〈素問〉中的〈五常正大論〉便曾載道：「病有久新，方有大小，有毒無毒，固宜常制。大毒治病，十去其六；常毒治病，十去其七；小毒治病，十去其八；無毒治病，十去其九；穀、肉、果、菜，食養盡之，無使過之，傷其正也。」[13]這可謂醫食同源理論中，食療功效得以運展的一大說明。聶璜以醫食同源的角度點名部分海錯的食用價值，亦可以視之為海洋博物學與本草學的一種相交與連結。

總的來說，從聶璜對河豚海參、海鰻海馬等概述可見，《海錯圖》不啻是一部搜覽博物的見聞，其中所富含的實用性質大抵不容忽視。又因為這些紀錄大多來得地道，描寫亦相對詳細，自然有助我們了解老百姓的日常生活與飲食習慣；而在「日常生活史」（history of everyday life）的研究基礎上，[14]同時為史學家提供不少踏實且有力的參考材料。

13《黃帝內經》（中國哲學書電子化計畫電子版），〈素問〉，〈五常正大論〉，〈補上下者從之〉條。

小結

飲食的文化，以至烹飪的品味（culinary taste）和菜系的形成（culinary formation），自八〇年代已逐漸成為食物學（food studies）的研究熱點。人類學家與歷史學家分別從不同的視角，探討食物文化在中國歷史上的時代意義。他們注意到食品本身不單是一種供人溫飽的資源，其中所承載的飲食習慣、城市經驗，以至利用食物作為區域知識（food as local knowledge）等議題，均有助我們進一步深化政治經濟、自然環境、災荒救濟與日常消費等研究領域。簡而言之，食物也可以被視為一種媒介（medium），串連起品味構成、消費空間、食品產業，甚至文學創作等場域，塑成一種專屬食物文化的生命史。[15]

若就上述的討論為基礎，《海錯圖》大概也可以被放置於食物文化的學術轉向。不過，正如我在前文提及，《海錯圖》的成書，理應是一個結合海洋博物學、飲食文化和市場化的結果。以「人海關係」和博物學來切入食物學的研究，彷彿還沒有引起學者的充分關注。如是者，透過《海錯圖》的成書背景、書寫宗旨與內容大要，我們理應可以增強相關脈絡的對話，從而補足「海洋史」與「食材史」在理論上的研究縫隙。

14「日常生活史」（Alltagsgeschichte）最早由德國史學家呂迪克（Alf Lüdtke, 1943-2019）和麥迪克（Hans Medick）在一九八〇年代提出，理論範式大概是源自馬克思史學中的「人民史觀」（history from below），讀者可以參考由呂迪克編著的 *The History of Everyday Life: Reconstructing Historical Experiences and Ways of Life* (Princeton: Princeton University Press, 1995)；最近這種研究風潮在亞太地區再度興起，黎志剛（一九五六—二〇二二）二〇二〇年便為期刊 *The Frontier History of China*（二〇二〇年，卷十五，第三期）主編了一個專輯，討論「日常生活」在晚清和民國時代的歷史意義。

15 有關這一方面，我們將在下一章節作更深入的探討。

第五章

清風生兩翅，至味出雙鰭

魚翅的歷史

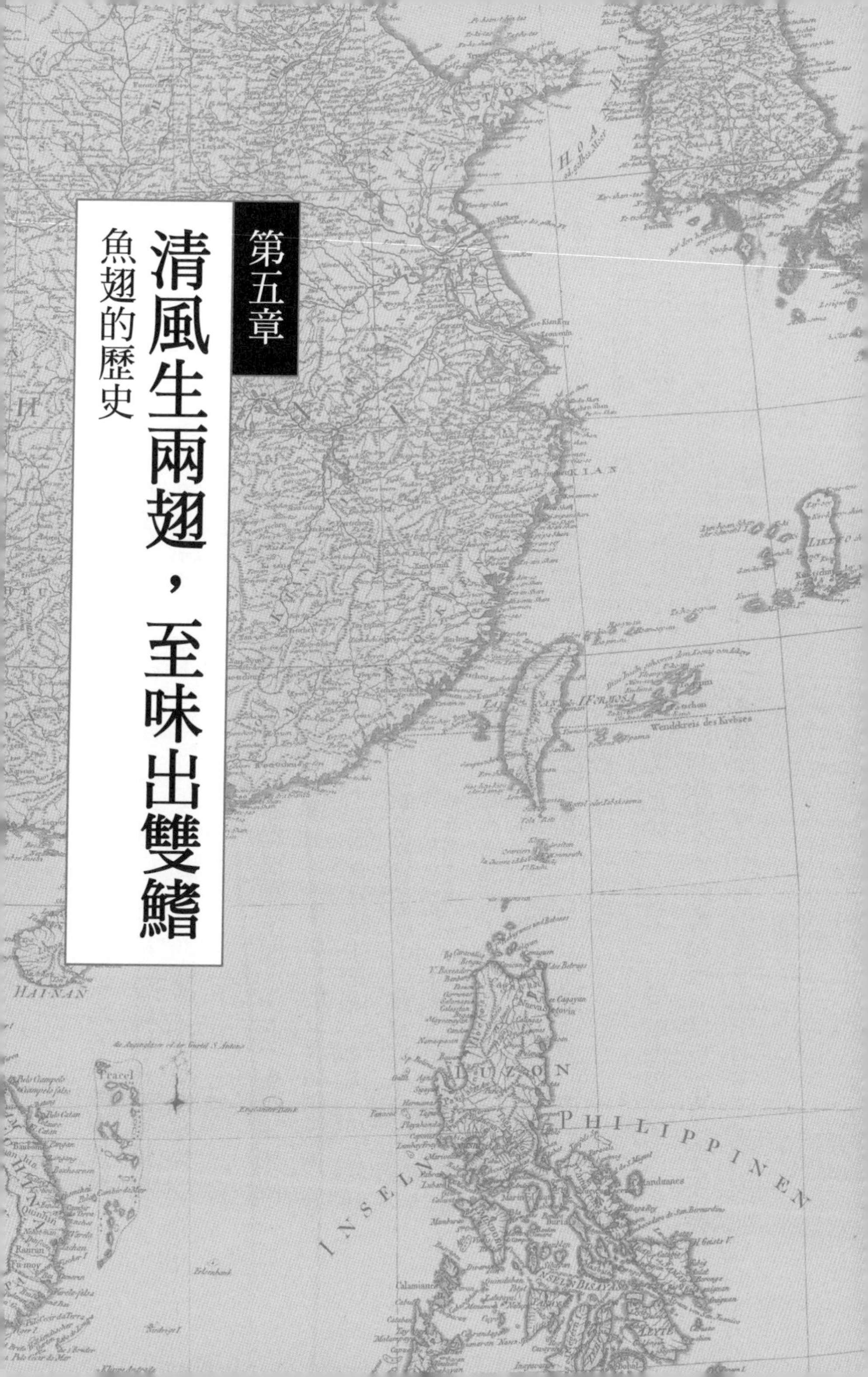

近世全球化不但催生了各種連結中外的經貿活動；隨著遠洋航線的發展與伸延，跨國、甚至是環宇旅遊變得愈漸普及。西歐大陸因而孕育出一群富含冒險精神的環球旅行家（Globetrotters），矢志遊歷他們認知以外的神祕國度。[1]出生於英國康瓦爾郡的彼德・芒迪（Peter Mundy），便是其中例子。

一六三七年，芒迪在旅程中途經澳門，仔細記錄他的所見所聞。與其他旅行家相仿，芒迪在遊記中特別點評了中國人的飲食特色。在芒迪筆下，中華民族的飲食習慣充滿「異域性」，所烹煮之物可謂千奇百種，既獨特，亦細膩。很多食材諸如蛇肉、狗肉，以及各類稀見海產，在歐洲人眼中顯然難以想像，但中國人卻吃得格外滋味。[2]饌食這些奇珍異餚，對大部分旅行家而言，都是野蠻和不文明的；但從他們的紀錄可見，明清中國卻有別於中南美洲、非洲大陸等滯後部落。在他們眼前，它可是一個教人趨之若鶩的文明古國。這種文化上的期許與落差，大多讓行旅者感到十分矛盾。包括芒迪在內，他們一方面對食物的選材表示震驚，另一方面卻對烹煮這些「異材」的方法和技巧讚嘆不已。在閱讀他們的遊記時，我也能夠感受到這種起伏跌宕、難以平衡的心情。

最令這些旅行家疑惑不解的，是大部分「奇異食材」，也不是低下階層因為收入不繼、無法負擔「正常物價」的替代菜餚；它們都是上層社會、精英賢達、富豪貴族追逐不斷的「珍饈百味」，附帶一種濃厚的階級色彩。所謂珍饈百味，在中國歷史上有著深遠的文化意涵。其中「八珍」的概念，便是「珍饈百味」中的靈魂支柱。

八珍佳餚

八珍一詞，最早見於《周禮》〈天官膳夫〉篇，內有：「珍用八物」，「八珍之齊」等語。在遠古時代，牛、羊、麋、鹿、馬、豬、狗、狼，便是八種珍饈奇物。然而，隨著市場和貿易的發展，「八珍」的概念得以推移，亦自此變得複雜，開始出現「各家自有說法」的情況。例如明人俞安期所輯的《唐類函》便曾指出：「按《禮》所謂八珍者……後世則侈云龍肝、鳳髓、豹胎、鯉尾、[3]鴞炙（烤貓頭鷹）、猩脣（麋鹿臉部的肉）、熊掌、酥酪蟬（酥酪）。」由此可知，在大唐盛世，八珍已不再是豬、馬、牛、羊等常見牲畜，反而是講究十足的刁鑽食材。其後張九韶撰《群書拾唾》，把豹胎易為兔胎，視為「新八珍」。至

1 Amy Miller, *The Globetrotter: Victorian Excursions in India, China, and Japan* (London: British Library, 2019).

2 Peter Mundy, *The Travels of Peter Muncy in Europe and Asia, 1608-1667* (London: Hakluyt Society, 1914).

3 鯉尾不一定是鯉魚尾。事關鯉魚的尾部並沒有任何特別之處，既非稀有珍貴，亦無特殊味道。所以八珍中的鯉尾很可能是穿山甲（又稱鯪鯉）的尾巴。

於龍肝、鳳髓，究竟意指什麼食物，根本難以考證。有學者認為龍肝是娃娃魚或穿山甲的肝臟，而鳳髓則為錦雞的腦髓；當然，我們也不排除這些所謂食材，無非坊間隨意想像出來的珍稀食品而已。

及至盛清一代，八珍的概念變得更加繁複，當中更分支為「參翅八珍」和「山水八珍」。「參翅八珍」中海產食材占半數，包括海參、魚翅、魚明骨（也稱魚脆）、魚肚、燕窩、熊掌、鹿筋和蛤士蟆。至於「山八珍」，則泛指熊掌、鹿茸、犀鼻（或象拔、象鼻）、駝峰、果子狸、豹胎、獅乳與猴頭。而「水八珍」，依次是魚翅、鮑魚、魚唇、海參、裙邊（鱉的甲殼外圍裙狀軟肉）、干貝、魚脆、蛤士蟆。[4]即使時至今日，上列食材依舊價值連城，名貴稀缺，並非一般家庭可以輕易採購或負擔得起。如果將崇尚「八珍」的現象放置於學術理論的脈絡，我們大概可以證明，在十八世紀的清代中國，「八珍」無疑標誌著一種追逐奢華的態度、檔次享受的滿足。推而論之，它也可以是「都市化」和「消費奢侈化」（luxurious consumption）愈漸極致的附帶結果。

事實上，在「山水八珍」之外，還有滿漢全席的「四八珍」、「海味八樣」等類別，而在大小州縣，更不乏獨具地方特色的「八珍玉食」。[5]由此可見，在飲食文化的歷史長河，「八珍」的概念雖然有其脈絡可循，但歸根究柢，無非因人而異、因地迴然。不過，在清朝百花齊放的「八珍」分類中，魚翅往往榜上有名，更不時位列「八珍之首」，可見這食材在清代不僅漸趨普及，且同時來得稀有貴重。這章節我們將以魚翅經歷商品化的過程為討論焦點，追尋一部關乎海洋珍品的物質文化史。

魚翅的物質文化史

所謂魚翅的物質文化史，其實就是人類品嘗魚翅的歷史；與此同時，它也是魚翅與鯊魚，以及人類消費和追逐魚翅的一段歷史。魚翅一詞，在中國傳統文獻屢番出現，正如上一章節所討論的《海錯圖》，便曾對鯊魚翼鬣（魚鰭）有充沛的描述。話說回來，何以我們會對這種海產食材特別有興趣、感覺特別深刻？為什麼魚翅一物，能夠跨越時間而在史料記載中接續得存呢？要解答這些問題，我們有需要結合自然環境、物種特性、品嘗方式和捕撈限制等自然與人為因素，方能找到相對適切的答案。魚翅的歷史告訴我們，一種海產食品在歷史上之所以會為人珍視，不一定與它的味道有關（事實上，魚翅本身可沒甚鮮味可言）。生

4 徐文苑，《中國飲食文化概論》（北京：交通大學出版社，二〇〇五），頁三五。

5 語出董解元《西廂記諸宮調》：「八珍玉食邀郎餐，千言萬語對生意。」

態因素所造成的難得，以及因為這種珍異而續生的名貴感覺，大多超越了味覺、嗅覺和視覺等觀感要素。

魚翅的歷史還告訴我們，一種海產食材得以受人追捧喜愛，也不全然取決於「物以罕為貴」的思路邏輯。上至達官貴人，下至文人雅士對它的評價與估量，箇中也富含一種社會性和文化性的意涵，隨之形成一種影響大眾認知觀感的力量。這種研究蹊徑和取向，便是「物質文化史」的重要一環。不過我們可要注意，由魚翅所衍生的文化歷史，並不一定適用於其他海產或食材。畢竟，人對個別食品的觀感，以及個別食品對人的意義，關係可以錯綜複雜，當中或見異曲同工，但也有可能迥異不同。套用人類學家阿帕度萊（Arjun Appadurai）和科普托夫（Igor Kopytoff）的說法，物件的生命歷史（social life of things），在不同階段，也有可能形成不一樣的想像和模式。[6]譬如馬鈴薯、大米、咖哩所負載的生命故事，便不一定與鮭魚、普洱，或者香蕉的歷史文化涵義相同。

以魚翅為題、且比較完整的歷史敘述，直至目前為止，尚屬有待開發的階段。但這當然不代表中國沒有飲食史的傳統。早在一九七七年，張光直已出版《中國文化中的食物》（*Food in Chinese Culture*），提醒我們在研究中國歷史上的飲食課題時，應當留意食物本身與客觀環境、烹煮技巧、區域習俗，以至信仰思想之間的關聯。張氏有如斯觀察，無非中國飲食史在四〇至六〇年代，終究停留在一種「典故式」（descriptive）的記述取向。[7]相對華語學界，歐美飲食史的研究內涵，則比較複雜多元。在張書出版後，有關中國的食物研究（food studies）可謂推陳出新，其中以James I. Watson、張展鴻（Sidney C. H. Cheung）、吳燕和（Y.H. David Wu）和陳志明（Chee-Beng Tan）的論著最具積極影響。[8]不過上引學者，包括張光直本人也是人類學訓練出身，研究取徑自然是以人類學的方法和理論為基礎。

中國史學界在食物研究領域上的耕耘，一直要等到二十一世紀方才有所突破。逯耀東在二〇〇一年出版《肚大能容：中國飲食文化散記》，強調中國飲食文化的歷史探索，是時候要打破掌故式的敘記藩籬，繼而提升到文化歷史的層次。[9]Mark Swislocki在*Culinary Nostalgia*，也重點說明上海的食物文化和城市經驗、風土觀（wind and soil）等因素有著密

---

6 Arjun Appadurai, *The Social Life of Things: Commodities in Cultural Perspective* (Cambridge: Cambridge University Press, 1988); Igor Kopytoff, "The Cultural Biography of Things: Commoditization as Process," in *The Social Life of Things*, pp. 64-92.

7 正如當時飲食史的先驅楊蔭深，在其《飲料食品》一書中便明言他所確守「掌故」、「由來」和「變遷」的研究路徑。《飲料食品》一書收入楊家駱主編的《飲饌譜錄》（臺北：世界書局，一九九二），頁一六三—二四三。

8 例見James I. Watson and Melissa I. Caldwell (eds.), *The Cultural Politics of Food and Eating* (Malden, Mass: Blackwell Publishing, 2005); Sidney Cheung and David Y. H. Wu (eds.), *The Globalisation of Chinese Food* (London: Routledge, 2002); Chee-beng Tan and Sidney Cheung (eds.), *Food and Foodways in Asia: Resource, Tradition, and Cooking* (London: Routledge, 2007).

9 逯耀東，《肚大能容：中國飲食文化散記》（臺北：三民書局，二〇一八）。

不可分的連結。[10]胡司德（Roel Sterckx）在*Food, Sacrifice, and Sagehood in Early China*，也特別提到中國古代食材與政治道德、醫療禁忌和儀式崇拜等議題的關係。[11]幸虧這些論證扎實的著作，中國飲食文化史得以日就月將，為後繼學者提供穩健的研究平臺。簡言之，要探討魚翅的歷史，便不得不把它放置於「物質文化史」和「中國飲食史」的理論場域進行對話。不過，由於魚翅乃屬一種珍稀的海洋資源，我們自然也要結合「人海關係」和「奢華消費」等研究框架一併討論。由此可見，魚翅的歷史，不啻是菜系、菜譜、餐桌上的歷史，它可是一部跨越多重學術界限（interdisciplinary）的史學探尋。

食魚之禮

我們現在所認識的魚翅，無非摘取自鯊魚的鰭翼，不過在宋代以前，史書中所記錄的魚翅，卻不一定來自深海的鯊魚，這點是有需要稍作說明的。東漢鄭玄編注《禮記》時，便有以下的一段紀錄：「羞濡魚者進尾；冬右腴，夏右鰭。」[12]文中所載的，是宴客禮儀中的「進魚之禮」。意思是宴請賓客、遞呈魚類美餚之時，務必以魚尾朝向貴賓；寒冬秋令，魚肚則要放擺賓客的右方，而在盛夏時分，則需以魚鰭面朝客人的右面，方為妥當。這種禮儀的用意何在呢？如果我們參考《禮記》中的注疏，便可以得到這樣的解釋：「冬時陽氣下在魚腹，夏時陽氣上在魚脊，凡陽氣所在之處肥美，故進魚使嚮右，以右手取之便也。」[13]由此可知，宴客者要盡量把鮮魚的肥尾之處，適時呈上靠近賓客的右手邊，方便進食者品嘗最可口之處。

上文所記的食魚之禮，彷彿與魚翅的歷史沒甚關係，不過，假如我們仔細思考一下，自然會找到箇中端倪。首先，從引文中可見，我們至少可以肯定，自先秦以來，古人已有食用魚鰭的記載。雖然《禮記》的注疏只注明魚鰭為魚脊，但戴侗在《六書故》則考證出「鰭，魚脊上鬣也」。[14]鬣之所指，則為魚的翅部，實為古代「魚翅」的一種。當然，大家都知道，此「魚翅」不同彼「魚翅」，在捕獲和烹煮的方法上也截然不同。所以，每當在秦漢古籍中看到魚鰭、魚翅，以至食魚之禮的記述時，我們切忌與鯊魚的鬣翅混為一談，它們兩者

10 Mark Swislocki, *Culinary Nostalgia: Regional Food Culture and the Urban Experience in Shanghai* (Stanford: Stanford University Press, 2009)；新進學者郭忠豪就此書撰寫一則書評，刊於《中央研究院近代史研究所集刊》（第六十九期），甚具參考價值。

11 Roel Sterckx, *Food, Sacrifice, and Sagehood in Early China* (Cambridge: Cambridge University Press, 2011).

12 鄭玄注，《禮記》，卷十，〈少儀〉（四部叢刊電子版）。

13 鄭玄注，孔穎達疏，《禮記疏》，卷三五，〈附釋音禮記注疏〉，載《阮元校刻十三經注疏本》（電子版）。

14 戴侗，《六書故》，卷二十，〈動物魚之諧聲〉，載《文淵閣四庫全書》（電子本）。

是有分別的。

海魚沙玉皮

究竟鯊魚之翅何時錄見於文獻呢？國內不少學者也認為，魚翅在宋代已有「國人進食」的記載。不過，也有論者以為，宋人即使有品嘗鯊魚的習慣，但他們所鍾情的，無非鯊魚的魚皮和魚唇而已，是故梅堯臣曾有詩云：

> 海魚沙玉皮，翦膾金齏釃。
> 遠持享佳賓，豈用飾寶劍。
> 予貧食幾稀，君愛則已泛。
> 終當飯葵藿，此味不為欠。[15]

換而言之，宋人當時只注意到魚皮魚唇的珍鮮，卻未及發現魚翅的味美。

針對這兩種說法，我是傾向相信宋人早有進食魚翅經驗的。事實上，在北宋一代，捕鯊的活動雖然未及完善，但已略見規模，而鯊魚亦被稱作鮫魚、魦（沙）魚，甚至配上「海狼」、「吞船」、「吞山」等代名詞，可見鯊魚在宋人文集中已經屢番出現，時人對鯊魚的形態和特性也有一定的了解。而在《宋會要》中，我們也發現鮫魚翅、鮫鯊翅、沙魚翅，或金絲菜等記載，估計在宋代宮廷，魚翅已經被列入山珍海餚的一員。

南宋最長壽的士大夫賈銘（一二六九—一三七四），是品評鯊魚味道的食家。他曾引《山海經》曰：「鮫魚味甘，性平，即沙魚，皮可飾刀劍，大者尾長數尺，能傷人。」很奇怪，賈銘在概括鯊魚的珍稀時，卻沒有言及魚翅的功能或味道。不少學者遂依仗賈銘的記述，斷定宋人還沒開始嘗食魚翅。雖然賈銘沒有就魚翅大書特書，但北宋的楊彥齡在其《楊公筆錄》中卻有這樣的記載：「余以謂鰒魚之珍，尤勝江珧柱，不可乾致故也，若沙魚、赤鰾之類皆可北面矣！」[16]（見圖5-1）

引文非常清楚，楊氏認為鮑魚味美稀有，實在遠勝干貝等海產；至於鯊魚的魚翅（赤）與魚鰾，只能向鮑魚「跪地稱臣」（北面之意）了。雖然楊彥齡的原意是推崇鮑魚的珍貴，

15 詩文出自梅堯臣〈答持國遺魦魚皮膾〉。順帶一提，梅氏，字聖俞，世稱宛陵先生，曾參與編撰《新唐書》，並為《孫子兵法》作注，另有《宛陵先生集》六十卷存世。

16 楊彥齡，《楊公筆錄》，載曹溶編，《學海類篇》，第七十三冊，葉一七下。楊彥齡是宋代的一大文豪。我們耳熟能詳的名句：「三光日月星」、「四詩風雅頌」便是出自楊氏手筆。

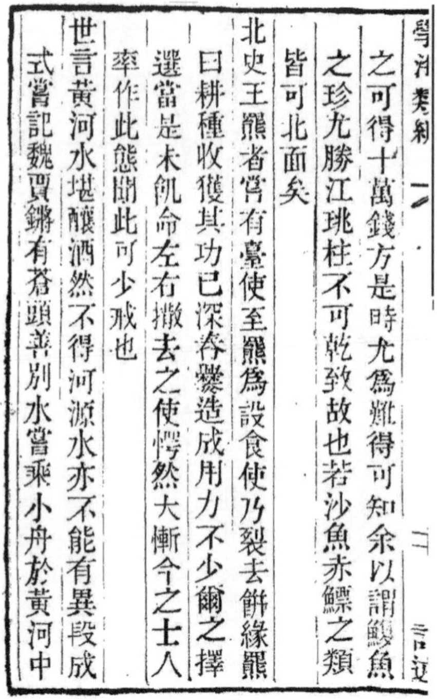

之可得十萬錢方是時尤爲難得可知余以謂鱘魚
之珍尤勝江瑤柱不可乾致故也若沙魚赤鰾之類
皆可北面矣
北史王羆者嘗有臺使至羆爲設食使乃裂去餅緣羆
曰耕種收獲其功已深舂爨造成用力不少爾之擇
選當是未飢命左右撤去之使愕然大慚今之士人
率作此態覩此可少戒也
世言黃河水堪釀酒然不得河源水亦不能有異段成
式嘗記魏賈鏘有蒼頭善別水嘗乘小舟於黃河中

圖5-1　楊彥齡的《楊公筆錄》記載鯊魚的魚翅與魚鰾。

但他也特意提及「沙魚翅鰾」，可見魚翅在他眼中，一點也不陌生。

為何賈銘對魚翅隻字不提，但我們卻找到楊彥齡的紀錄呢？具體的答案，或許要參考更多的文獻資料，方能有所定案；就我目前的推斷，這可能與南北之分有關。賈銘在南宋，魚翅食用未甚普及，卻不代表在中國北方沒有食用魚翅的例子。再者，由於魚翅本身味淡，需要依靠上湯肉材提升口感，但在可見的宋人文書食單，我們卻找不到烹煮魚翅之法。這或許暗示時人只知其來得珍貴，卻未得調味之法，自然對它沒甚興趣。相對鯊魚的魚皮與魚脣，魚翅在宋代即使同屬罕見之物，但卻沒有在飲食文化中掀起潮流。這大概也呼應到我在前文所言，魚翅珍凡與否，不只取決於「物罕而貴」的思路邏輯；坊間食用者的吹捧和書寫，也會對它的價值造成影響。

魚翅的珍品形象

古往今來，食材要成為珍品，除了坊間的「文宣」外，還要依賴兩大客觀條件：首先是來源，其次就是捕獲，又或者在種植和加工炮製上的難度。我們先談一下食材來源的因素。一般而言，特別在十七、十八世紀，土產食品諸如水果河鮮，價格總是相對低廉，而進口的食材卻往往索價不貲。舶來品價值高昂，主要因為遠洋航線所承載的風險所致，這自然無可厚非。不過，「遠來是珍」的消費取態，在市場上也占據著一個挺重要的位置。即使時至今日，遠洋外物，往往負載一抹異國情調，感覺來得珍稀神祕。[17]就以中國茶葉打進英國市場的歷史為例，即使英人也有種植茶樹的傳統，但由遠東而至的中國茶葉，自十七世紀以來，在市場上便一直存續著一個牢固的位置。究其原因，一方面無非明清茶葉的品質有其醉人之處，另一方面也與「遠來是珍」的觀念和「中國熱潮」（Chinese taste）[18]的風行有關。總的

17 有興趣的讀者可參閱 Benjamin Schimidt, *Inventing Exoticism: Geography, Globalism, and Europe's Early Modern World* (Philadelphia: University of Pennsylvania Press, 2015).

18 我認為 David Porter 的 *The Chinese Taste in Eighteenth-Century England* (Cambridge: Cambridge University Press, 2010)，對「中國風」的熱潮和流播有挺深入的概論。

來說，不論是茶葉還是鮮果，食材一旦被標塑成「方外遠物」，其珍異性便會相應提升；如是者，零售的價格也會被順勢上調。

不過我們可要注意，在近世時代，「遠來是珍」的概念，不一定要建基於地域上的實際距離；想像和認知中的「概念化距離」（conceptual distance），也會主導消費者的行為和心理。什麼是「概念化距離」呢？在十七、十八世紀，即使地圖、海圖愈漸變得普及，但世界地理等資訊仍舊未及流通。國人大概只知道歐洲遙隔千里，但其實際位置，以至具體和中國之間的距離，對一般的消費群組而言，畢竟只是一種概念而已。這是第一種「概念化距離」的解讀。至於第二種說法，無非與認知上的觀感有關。在清代中國，文人學士，以至一般的農工商階層，大多會根據他們的認知與了解，模繪他們專屬的精神地圖（mental map）。這種精神地圖，主要建基於他們對個別地域的熟悉（familiarity）和陌生感（otherness）。面對熟悉的空間，精神的距離往往會比充滿陌生感的來得貼近。打一個譬喻，大海的距離，對大部分未曾揚帆出海的消費者來說，它可以是一個遙不可及的景域。即便是連續華北平原的黃渤海，又或者福州近前的臺灣海峽，對於安土重遷的群體而言，它們已經可以是遠洋外界，可望不可即。如是者，部分海鮮珍物，由於源出海洋，即使只是來自南中國海，也有可能被標榜為一種「方外遠物」，變成「舶來珍品」。

對於魚翅來說，它之所以成為名貴珍品，當然不只是因為它源自深海。要捕捉鯊魚，難度當然較一般的捕魚活動險峻。宋人稱呼鯊魚為海狼、吞船，其悍猛程度不言而喻。不過，話說到這裡，或許有必要就鯊魚與人類共存的歷史稍作說明一下。大概因為學人的筆尖，以至近世電影的渲染與影響，鯊魚每每被描摹為凶悍異常、殺人如麻的海上霸王；人類和鯊魚幾乎沒有共存的可能。然而，海洋科學家已經相繼明言，我們對鯊魚一直存有很多誤解。首先，人類基本上不是鯊魚的獵食對象。此外，只有很少數的鯊魚會主動攻擊人類。跟據美國加利福尼亞州的統計，平均每五百萬位泳者當中，只有一位可能被鯊魚襲擊，機率眇乎其小。換句話說，鯊魚和人類的生存邏輯，不一定要放置於我們習以為常、約定俗成的對立面上。鯊魚的存在，對人類生存所造成的影響，理論上是非常微薄。相反，人類對鯊魚生存空間所釀造的壓力，卻來得深遠沉重。單單是捕殺鯊魚，採割魚翅等活動，對鯊魚群所造成的結果，便可以是災難性、甚至是毀滅性的。事實上，如果我們把角度再拉闊一點，人鯊之間的關係，彷彿就是「人海關係」的一個縮影。海洋世界在各式各樣的人類活動面前，往往都是被剝削和消耗的一方。

話說回來，由於鯊魚的形象令人瞠目結舌，再加上捕獵困難，以及源於深海的「空間因素」，魚翅的珍稀更為難得。不過我們可要留意，在明代以前，魚翅即便珍貴，但依然未算普及。鯊魚在被捕獲之後，正如前文所言，時人最感興趣的始終是牠的玉皮和魚唇而已。這食用傳統一直要等到明代中期，方才有所改變。

銀絲抽出細，韭葉借來鮮

邵寶（一四六〇—一五二七）是明代著名的大儒和收藏家，曾經出任許州知州、歷戶部員外郎、郎中等位。他有一首五律，詩云：

遠致鯊魚翼，山亭見海天。
銀絲抽出細，韭葉借來鮮。
製法留新簡，嘗試賦短篇。
若人南斗重，風味亦堪傳。[19]

此詩題為〈林見素翁寄沙魚翼〉，望文生義，詩歌以鯊魚翼為主題，旨在答謝友人林見素自遠方寄來的魚翅珍品。這首五言律詩，雖然只有寥短的三十字，箇中卻存藏了一些與魚翅文化相關的歷史線索。首先，林見素是何許人呢？翻查地方志等資料，我們得知林見素是福建莆田人，也是一位著作等身的學林名士。由此可以推斷，福建沿海在明代已有魚翅加工出產。事實上，莆田作為一個東瀕大海的港口，揚帆出海，捕鯊取翅，絕對不足為奇。然而，魚翅並非獨產福建一府。在廣東、臺灣、浙江與山東半島等沿海地區，我們也可以找到魚翅出入口的紀錄；可見在十五世紀，鯊魚的活躍範圍橫跨南北兩洋，遍及多個府區海域。順帶一提，明代處理魚翅的過程較清代簡單，漁民割下鯊魚翼鰭後，通常只會放置於日光下晒乾，續以石灰水或鹽水浸泡備用。林見素送贈邵寶的魚翅，相信也經歷過類似的加工處理。

林氏以魚翅為禮相贈友人，這裡可以有兩種解讀：要麼魚翅是莆田的風土特產，要麼就是一種珍稀食材。第一種分析或許不太成立，所以「珍稀食材」的解說估計較為合理。林見素總不會挑選一些沒甚價值的禮品，千里送遞一位名宿大儒吧。加上邵寶在收到魚翅後即興賦詩，可見他也感覺禮物來得珍貴，情意十足。針對詩歌的寫作背景，我們大概可以推斷，魚翅在明代中葉，已經是學人之間相互饋贈的海鮮珍物之一。邵詩中的一句「銀絲抽出細，韭葉借來鮮」，意指魚翅在鯊魚鰭翼之中仔細擷取，有如銀絲一般珍貴修長；再以韭葉同烹，著人回味無窮。這裡我們可以得知，魚翅的珍昂，在於它挑擇時的精巧過程；加上其賣相色澤，有如銀絲金線，形象自然倍覺高貴，教人讚賞不已。不過邵寶也刻意暗示，魚翅本身可沒什麼醇香遠溢的鮮甜，務必依靠其他香葉素材，方能導出魚翅的味美，使其「風味得以堪傳」。

19 邵寶，〈林見素翁寄沙魚翼〉，《容春堂集續集》，卷二，載《文淵閣四庫全書》（電子版）。

魚翅的形象在明代中葉，驟然身價攀漲，除了歸功這些詩文的吹捧外，也與醫藥界的大宗李時珍有關。李時珍編著《本草綱目》，人所共知，他遍嘗百草，集醫學與博物學的大成，成就更加無庸贅言。不過，我們可要留意，李氏的本草學，對明清時代的市場發展和消費模式，也產生一抹深遠的影響。由於《本草綱目》的權威性在萬曆年間已經牢固確立，書中所詳述的各式良藥補品，便恰似被認證似地，變得更加珍奇名貴。我認為這是一種商品被「經典化」（canonisation）的過程。我的意思是，當一種貨物被一些權威肯定、讚譽、使用、又或者食用過後，它的價值便會顯著昇華。這些權威可以是皇室貴胄、名媛望族；也可以是清流名士、偶像領袖。綜觀明清時期，甚至是整個近世時代，大部分奢侈品的生成，無非要經歷這種經典化的階段，方才蛻變成為市場上有價有市的珍品。與其他名貴食材一樣，魚翅也是憑籍《本草綱目》所釀造的經典化，在其珍稀的形象上，增添一道奢華的價值。[20]

李時珍在《本草綱目》〈無鱗魚類章〉是這樣記錄鯊魚和魚翅的：

古曰鮫，今曰沙，是一類而有數種也。東南近海諸郡皆有之。形並似魚，青目赤頰，背上有鬣，腹下有翅，味並肥美，南人珍之。大者尾長數尺，能傷人。皮皆有沙，如真珠斑。其背有珠紋如鹿而堅強者，曰鹿沙，亦曰白沙，云能變鹿也。背有斑紋如虎而堅強者，曰虎沙，亦曰胡沙，云虎魚所化也。鼻前有骨如斧斤，能擊物壞舟者，曰鋸沙，又曰挺額魚，亦曰鱕䱜，謂鼻骨如鐇斧也。音蕃，沈懷遠《南越志》云，環雷魚，䱜也。長丈許，腹下有兩洞，貯水養子，一腹容三四子，朝從口中出，暮還入腹，鱗皮有珠，可飾刀劍，治骨角。[21]

上述引文班班可考，清楚交代鯊魚的不同品種，諸如虎沙、鹿沙、鋸沙等類，同時亦簡述了牠們的形態和特徵，扼要易懂。如果讀者還記得我在第四章曾經討論過的「化生說」，相信對李時珍的「鹿沙變鹿」、「虎魚化沙」之說便不會陌生。至於有關魚翅的部分，《本草綱目》清楚指出鯊魚「腹下有翅，味並肥美」，南方食客珍而重之，言簡意賅地挑明魚翅的特色。順帶一提，鯊魚在明代中葉算不算稀有？這可是一個值得討論的議題。按李時珍的描述，「東南近海諸郡皆有之」，可見鯊魚的珍稀程度遠遜前朝；至少我們在宋人文集中，鮮見虎沙鹿沙「海中皆有」之類的記載。不過，即便鯊魚的數量在明代有所增加，這也不一定對牠的珍異性造成影響。正如我在前文所言，一件商品要在市場上成為珍品，除了探討其

20 除了《本草綱目》以外，呂毖在《明宮史》也特別記載明熹宗「最喜鯊魚翅筋」的飲食偏好；奇書《金瓶梅詞話》亦曾形容魚翅為「珍饈美味」，「絕好下飯」。這些記載多少也會影響到魚翅被「經典化」為海物珍品的過程。

21 李時珍，《本草綱目》，卷四四，〈鱗之三鮫魚〉，載《文淵閣四庫全書》（電子版）。

來源因素外，我們還要考慮在捕獵，挪取，或者是種植上的困難。正如李時珍所云，大部分鯊魚不是「可傷人」，便是「骨如斧斤」，且能「擊物壞舟」，由此可知，獵鯊取翅在明代依然是一項高風險的海上搜捕，這自然會影響魚翅的珍稀形象。

魚翅貿易自明代中葉愈漸普遍，沿海港口進出魚翅的記載俯拾即是。不過，更值得我們注意的是，在明末清初，中國已開始從東南亞、東北亞入口價值更為高昂的魚翅商品。張燮在其《東西洋考》便有這樣的記載：「別有貨物，先年無開載者，今依時估，附記於後。鯊魚每百斤稅銀六分八釐。」[22]魚翅要從海外進口，不外乎兩大原因。第一，本地魚翅的供銷已見供不應求；其次，大概是因為飲食潮流愈求致善盡美，海外魚翅在品質和味道上，不免為消費者注入味覺上的新刺激，甚至是另一種層次的享受。這一系列關乎市場供求與品味的現象，在十八世紀的清皇朝更是透徹明顯。

香狸之脯鯊魚翅，玉盤行出和春菘

清代對魚翅的喜愛遠勝前朝，我們可以從以下各方面找到端倪。首先是文人學士對它的讚譽和推崇。大概與邵寶和林見素相仿，清代學人對魚翅的美味同樣一試難忘，描述也相對細膩。曾在雍正年間任職廣東提督的郝玉麟（？—一七四五），便在修訂《廣東通志》中記述：「若鯊魚，則其美在翅，肉粗淡無味。」[23]（見圖5-2）

清初大文豪屈大均（一六三〇—一六九六）在其詩〈雷陽郡齋醉中走筆呈吳使君〉中亦有云：

使君風流世所宗，飲酒不醉真酒龍。
一麾出守瀕海郡，三年坐嘯擎雷峰。
有一酒狂人不容，聞君新醅荔枝濃。
沉香觥船大如斗，中有扇沙嫩鹿茸。
香貍之脯鯊魚翅，玉盤行出和春菘。
使我朵頤不能已，番禺千里來相從。[24]

22 張燮，《東西洋考》（北京：知識產權出版社，二〇一一），卷七〈餉稅考〉。
23 郝玉麟纂修，《廣東通志》（清雍正九年版），卷五二，載《欽定四庫全書》，葉一八六下—一八七上。
24 屈大均的文學成就非凡，與清初陳恭尹、梁佩蘭並稱「嶺南三大家」，另有「廣東徐霞客」的美稱。

屈詩讀起來灑脫雅麗，對美酒、鹿茸、荔枝、沙錐等食材描寫到位，令人朵頤不能。其中魚翅與香貍之脯並列，更凸顯兩者的珍稀難得。

至於有關鯊魚的說明，在盛清一代也愈漸周詳。乾隆朝的《諸城縣志》便是一例，文中載道：「（海中諸物）最悍者沙……其翅猛惡，噬人，泅水者遇之必斃，海上畏之，號曰海狼。」引文中特別提及「其翅猛惡」，卻未有著墨鯊魚玉皮與魚脣，可見魚翅在十八世紀已逐漸成為捕鯊者的囊中目標。同樣成書於乾隆年間的《澎湖紀略》，也有以下的敘述：「凡鯊魚翼鬣，取以作饌，俱名魚翅。」[25]足見時人對魚翅不再陌生，至於以之入饌，在當時更可謂常態矣。《諸城縣志》更特提到捕鯊之後，漁民如何採割、加工鯊魚翅翼。按《縣志》的紀錄，要擷取魚翅，主要有兩種加工方法。一種為「粗加工」，盡量保持魚翅的原有形象，乾晒成為翅板，這種翅板亦稱翅片、原翅或皮翅，鮮美因此得以封

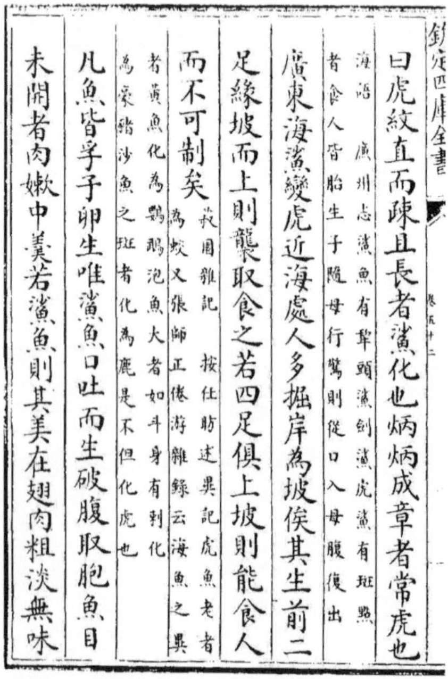
欽定四庫全書

曰虎紋直而疏且長者鯊化也炳炳成章者常虎也

海語 廣州志鯊魚有犁頭鯊劍鯊虎鯊有斑點者食人皆胎生子隨母行驚則從口入母腹復出

廣東海鯊變虎近海處人多掘岸為坡俟其生前二足緣坡而上則襲取食之若四足俱上坡則能食人而不可制矣 茲囿雜記 按任昉述異記虎魚老者為蛟又張師正倦游雜錄云海魚之異者黃魚化為鸚鵡泡魚大者如斗身有刺化為豪豬沙魚之斑者化為鹿是不但化虎也

凡魚皆孚子卵生唯鯊魚口吐而生破腹取胞魚目未開者肉嫩中美若鯊魚則其美在翅肉粗淡無味

圖 5-2　郝玉麟在修訂《廣東通志》中記述：「若鯊魚，則其美在翅，肉粗淡無味。」

存。另一種方法是「細加工」，過程要求巧手工人抽絲提翅，並以鹽水將其浸軟，為之「明翅」、「翅絲」。從這些工序得見，清代處理魚翅的方法已較宋明以來複雜，加工等步驟也是漸見規模。

除卻文人雅士的記敘外，清人對魚翅的藥用性也有進一步的理解。博綜儒經的汪紱（一六九二—一七五九），在其《醫林纂要》中便闡明魚翅「性甘，鹹滑，滲濕行水」[26]；趙學敏（一七一九—一八〇五）的《本草綱目拾遺》也有言：「（魚翅）味性甘平，補五臟，消魚積，解蠱毒，益氣開隔，托毒，長腰力，清痰開胃。」[27]吳儀洛（一七〇四—一七六六）在《本草從新》亦有「鯊魚翅，甘平，補五臟，猶有益於肺臟。清金滋陰，補而不滯」的觀察。[28]上述的藥理記載，無不在魚翅的珍異性上，添增了保健益壽的光環。引文中所列出的各式功效，諸如「補五臟」、「長腰力」、「補而不滯」、「清痰開胃」等等，在上流社會可謂極具吸引力，官紳富賈自然趨之若鶩，競相追逐這種可以一併滿足奢華與延年的願望。總的來說，在學人的「文宣」和這類醫書祕籍的描畫下，魚翅在盛清一代，順理成章地被追捧

25 胡建偉，《澎湖紀略》，卷八（中國哲學書電子化計畫電子版）。
26 汪紱，《醫林纂要探源》（江蘇書局，光緒二十三年刻本），卷三，〈鱗部．鮫鯊〉。
27 趙學敏，《本草綱目拾遺》（同治十年吉心堂刻本），卷十，〈鱗部．鯊魚翅〉。
28 吳儀洛，《本草從新》，卷十七，〈蟲魚鱗介部．鯊魚翅〉。

為市場上的佳餚上品、海中饋寶，形象不但珍稀可口，功效更加益氣養生。

圖 5-3　清代的美食家袁枚。

無翅不成席

隨著魚翅的形象逐漸定型，魚翅在十八世紀的消費群體可謂日漸擴大。雖然它仍舊是一種相對名貴的海產食材，但已不只局限於皇室貴族、名宿大儒的上流世界。社會上的中產階級，在宴請賓客之時，亦開始會張羅魚翅，以饋親朋；是故在雍正年間，坊間已出現「無翅不成席」之說。王士禛（一六三四—一七一一）的《居易錄》亦有言：「京師筵席多尚異味……近日筵席，魚翅必用鎮江肉翅，其上者斤直二兩有餘。」[29]而清末汪康年（一八六〇—一九一一）在追索魚翅食用的始源時，也直截了當地表示：「魚翅，自明以來，始為珍品，宴客無之，則客以為慢。」[30]

不過，要炮製出滋味醉人的魚翅菜餚，絕對不是等閒工夫。清代的美食家袁枚（一七一六—一七九七），便曾經就烹煮魚翅方面大書特書（見圖5-3）。在袁枚看來，「魚翅難爛，須煮兩日，才能摧剛為柔」。[31]至於如何浸煮，箇中可是大有文章。據他在《隨園食單》的紀錄，浸食魚翅有兩種方法，其一是「用好火腿、好雞湯，加鮮筍、冰糖錢許煨爛，此一法也」。另一種方法，就是「純用雞湯串細蘿蔔絲，拆碎鱗翅攙和其中，飄浮碗面，令食者不能辨其為蘿蔔絲、為魚翅，此又一法也」。袁枚更特別提醒讀者：「（如）用火腿者，湯宜少；用蘿蔔絲者，湯宜多。總以融洽柔膩為佳。若海參觸鼻，魚翅跳盤，便成笑話。吳道士家做魚翅，不用下鱗，單用上半厚根，亦有風味。蘿蔔絲須出水三次，其臭才去。嘗在郭耕禮家吃魚翅炒菜，妙絕！惜未傳其方法。」[32]（見圖5-4）

與袁枚一樣，活躍於乾隆年間的李化楠（一七一三—一七六九）也曾經撰文，介紹湯煮排翅之法。李氏指出，在下火烹煮前，要先把整個魚翅用水泡軟，之後方可「下鍋煮至手可撕開就好，不可太爛」。取起以後，用冷水泡之，且小心撕去「骨頭及沙皮」，然後在翅板之中選取「有條縷整瓣者」，但不可撕破，並將其「鋪排扁內，晒乾收貯瓷器內。臨用。酌

29 王士禛，《居易錄》，轉引自姚元之，《竹葉亭雜記》（北京大學圖書館版），卷八，葉一三下。
30 汪穰卿，《汪穰卿筆記》，載《近代中國史料叢刊》，第四十一輯，卷三，〈雜記〉，頁一四。
31 袁枚，《隨園食單》（北京大學圖書館版），卷一，〈海鮮單〉，葉二一上。
32 同前注。

量碗數，取出用清水泡半日，先煮一二滾，洗淨，配煮熟肉絲或雞肉絲更妙。香菰同油、蒜下鍋，連炒數遍，水少許煮至發香，乃用肉湯，才淹沒肉就好，加醋再煮數滾，粉水少許下去，並蔥白再煮滾下碗。其翅頭之肉及嫩皮加醋、肉湯，煮做菜吃之」。[33]

袁枚和李化楠的記述入世易明，但字裡行間，卻盡見精巧心思。他們所提及烹調魚翅的方法，步驟接二連三，看似顯淺，實際上卻非常講究，全是經驗之談。由此可知，在盛清一代，時人對魚翅的烹煮技巧、配料選材，以至食用方法等方面，都有廣泛且詳實的掌握。即使時至今日，在英倫和北美的傳統中餐館，部分

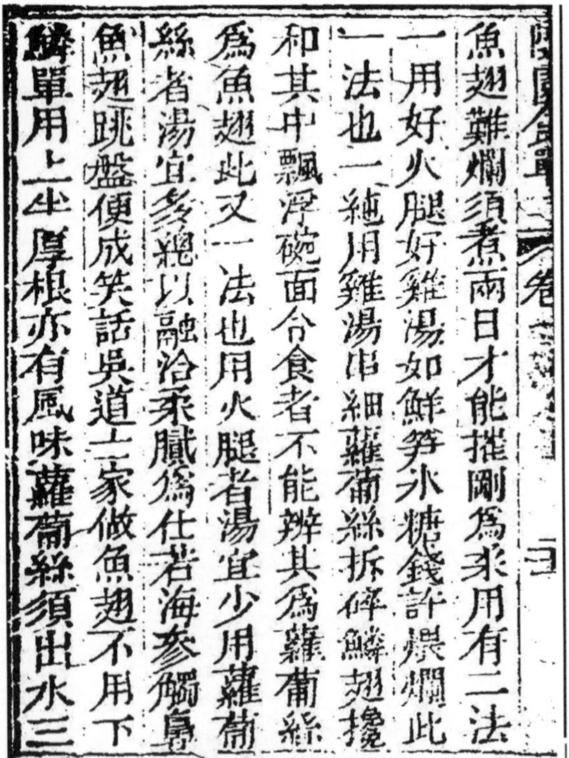
隨園食單　卷二
魚翅難爛須煮兩日才能摧剛為柔用有二法
一用好火腿好雞湯如鮮笋冰糖錢許煨爛此
一法也一純用雞湯串細蘿蔔絲拆碎鱗翅攙
和其中飄浮碗面令食者不能辨其為蘿蔔絲
為魚翅此又一法也用火腿者湯宜少用蘿蔔
絲者湯宜多總以融洽柔膩為佳若海參觸鼻
魚翅跳盤便成笑話吳道士家做魚翅不用下
鱗單用上半厚根亦有風味蘿蔔絲須出水三

圖 5-4　袁枚在《隨園食單》記載了魚翅的烹調方法。

主廚仍會參考袁枚或李化楠的古法炮製魚翅菜式，足見這些食單菜譜的精準與細膩。順道一提，袁枚提倡以「雞湯攙和蘿蔔絲」食用魚翅，卻曾受清代另一食家梁章鉅（一七七五—一八四九）的猛烈批評。梁氏在其《浪跡三談》毫不留情地表示：

> 惟《隨園》謂魚翅須用雞湯攙和蘿蔔絲飄浮碗面，使食者不能便（辨）其為蘿蔔絲為魚翅，此似是欺人語，不必從也。隨園又謂某家製魚翅，不用下刺，單用上半厚根……則亦是前數十年前舊話。[34]

姑勿論梁章鉅的抨擊是否站得住腳（事實上，我總覺得飲食口味之事，各家自有主觀喜好，古今亦然），但在這些爭議之中，再一次顯示魚翅在餐桌上著人珍重，教人講究的珍貴形象。

---

33 詳參李化楠，《醒園錄》（中國哲學書電子化計畫電子版），〈煮魚翅法〉。

34 梁章鉅，《浪跡三談》（北京大學圖書館版），卷五，〈海參魚翅〉，葉六上。

黑魚翅、白魚翅與龍文鯊

正如上文所述，魚翅在明清之際已開始從海外入口；加上十八世紀的中國，無疑是消費魚翅的最大市場，單靠本土捕獲，難免供需失衡。如是者，海外的魚翅產品，隨即開始輸入中國沿海地區，藉以滿足市場對魚翅的消費意欲。日本便是其中一個最大的進口國家；徐珂在其《清稗類鈔》遂有這樣的紀錄：「魚翅產閩粵而不多，大率來自日本。自明以來始為珍品，宴客無之則客以為慢。」[35]按經濟史家松浦章的考證，在江戶時代早期，日商已從長崎向中國傾銷大量海產，當中包括魚翅、海參、鮑魚、海帶、昆布（又云野機葛）等等。直到康熙克臺，重新開港貿易之後，清日兩國的海產貿易更是一日千里。據山脇悌二郎在《唐蠻貨物帳》的記載，在一七〇九年，從長崎進口中國的商船，大概有近四百七十五斤的魚翅，一千五百七十斤的乾鮑，以及近六千一百斤乾海參。這僅僅是一艘商船的載貨量，整體的貿易情況自然可想而知。事實上，中日兩國的海產貿易在十八世紀可是逐年增長，到了乾隆初期，平均一艘從長崎開行至中國乍浦的貨船，便有近一千斤的魚翅產品。這種「海產熱潮」一直持續至十九世紀中葉。比如在一八六二年，江戶幕府的官船「千歲丸」到達上海，船艙內魚翅的貨量便多達一千八百斤，足見中日魚翅貿易的發展，絲毫沒有褪減的跡象。[36]

除了從日本進口魚翅外，東南亞和臺灣也是魚翅入口的主要路徑。在馬士（Hosea Ballou Morse, 1855-1934）撰著的《東印度公司對華貿易編年史》，我們找到一份刊行於一七六四年，有關廣州流通貨物的報價表。當中標示「優等鯊魚翅」和「一級細鯊魚翅」等商品價格，大約是每擔十八至二十四兩左右。這些翅品（又稱堆翅）分為「黑魚翅」與「白魚翅」，主要由南洋印尼、泰國、安南、暹邏等國進口廣州。[37]魚翅之所以有黑白之分，無非由於鯊魚皮的顏色有異之故；正如我們現在也會以黃、白、灰、青、黑等五色分類魚翅一樣。較為深褐色的鯊魚魚鰭，諸如胡鯊、雙髻鯊、烏鯊和狗纏鯊，在清代多被歸納為「黑魚翅」；至於白鯊、鼠鯊、油鯊、青鯊等類，便屬「白魚翅」了。另一方面，西歐商人在中外魚翅貿易上，也擔當著一個推動的角色。其中英國、荷蘭、葡萄牙和法國商人，眼見亞洲的魚翅市場日趨成熟，遂紛紛與東南亞的華商和原住民合作，出海捕鯊取鰭，繼而與海參、燕窩等高價海產一併運銷中國。由此可見，魚翅貿易在十八世紀的中外海貿史，特別是珍稀海產貿易方面，重要性顯而易見，無疑是一個值得繼續開拓的專題。

35 徐珂，《清稗類鈔》（中國哲學書電子化計畫電子版），卷六一，〈豪侈類〉，〈食魚翅之豪舉〉。

36 詳參馮天瑜，《千歲丸上海行：日本人一八六二年的中國觀察》（武漢：湖北人民出版社，二〇一七）。

37 馬士著，區宗華譯，章文欽校，《東印度公司對華貿易編年史：第五卷》（廣州：中山大學出版社，一九九一），頁五三二—五三五。

至於魚翅和臺灣的關係，也值得在這裡交代一下。事實上，全球大約有五百種鯊魚，活躍於臺灣水域的便已接近一百種。即使時至今日，臺灣依然是市場上的捕鯊大國，漁獲數量在國際社會名列前茅。清末唐贊袞的《臺陽見聞錄》便有以下的記載：「鯊魚翅，出南路嵌頂及澎湖。每歲十一月，漁人取之，率載海舶往江、浙貨價。」[38]由此可見，臺灣鯊魚集中在臺南與澎湖列島一帶出沒，和江浙地區的貿易在冬季至為頻繁，是故《恆春縣志》中亦有言：「翅即魚翅，冬季始有，與烏魚同時捕之。」[39]

圖 5-5 《海錯圖．龍文鯊（犁頭鯊）》

臺灣出產的魚翅，以「龍文鯊」的名氣最大。「龍文鯊」在臺語中泛稱「犁頭鯊」，又稱「人面鯊」，以文蛤、鳳螺等貝類為主食，肉質不算腥膻、口感較有層次，具備上等魚翅的炮製條件（見圖5-5）。《重修臺灣縣志》、《重修鳳山縣志》、《彰化縣志》和《噶瑪蘭廳志》等皆有云：「鯊魚胎生，為類不一……其最佳者皮上有黑白圈文，曰龍文鯊；其翅尤美。」[40]嘉道年間的臺灣學人毛士釗曾經賦詩，讚嘆魚翅味美：「擊浪排空後，游鱗鼓翼時。清風生兩翅，至味出雙鰭。剔作條條玉，鎔成細細絲。芬芳浮鼎俎，燕飲樂咸宜。」[41]估計令毛氏齒頰留香，印象深刻的，便是享負盛名的龍文鯊翅鰭。

---

38 唐贊袞，《臺陽見聞錄》，載《臺灣文獻叢刊》（臺北：臺灣銀行經濟研究室，一九五八）第三十種，卷下，〈鱗介〉，〈鯊魚〉，頁一七三。

39 屠繼善，《恆春縣志》，載《臺灣文獻叢刊》（臺北：臺灣銀行經濟研究室，一九六〇）第七十五種，卷九，〈物產（鹽法）〉，〈鱗之屬〉，頁一七九。

40 例見王瑛曾，《重修鳳山縣志》，載《臺灣文獻叢刊》（臺北：臺灣銀行經濟研究室，一九六二），第一四六種，卷十一，〈雜志〉，〈物產〉，〈凡鱗之屬〉，頁三二一；王必昌，《重修臺灣縣志》，載《臺灣文獻叢刊》（一九六一年），第一一三種，卷十二，〈風土志〉，〈土產〉，〈鱗之屬〉，頁四三五；陳淑均，《噶瑪蘭廳志》，載《臺灣文獻叢刊》（一九六三年），第一六〇種，卷六，〈物產〉，〈鱗之屬〉，頁三〇六。

41 此詩題為〈魚翅〉，收錄於徐宗幹編，《瀛州校士錄》。毛士釗曾經出任嘉義縣縣學附生。

灤鯽黃羊滿魚盤，萊雞紫蟹等閒看

魚翅在十八世紀愈漸普遍，一方面反映時人對魚翅甚是喜愛，另一方面亦代表上流社會愈趨奢靡。其實，盛清一代的奢華飲食之風，在康熙年間已有端倪可察。王士禛在《易居錄》中便有「灤鯽黃羊滿魚盤，萊雞紫蟹等閒看」的感受；曾經歷任八省巡撫的陳宏謀（一六九六—一七七一），也在他仕官江南期間，發布過〈風俗條約〉，指出當地宴會風氣：

> 爭誇貴重，群尚希奇，山珍海錯之中，又講配合烹調之法，排設多品，一席費至數金，小小宴集，即耗中人終歲之資。[42]

所以魚翅的普及，大概也是建基於這種奢華的時尚之上，只不過魚翅的推廣，致令這種風氣更甚從前而已。不過在王士禛、陳宏謀之後，一直要等到十九世紀中葉，方才引起學人對「無翅不成席」這種揮霍腐敗之風作出嚴厲批評。

金福曾（一八二八—一八九二）是李鴻章（一八二三—一九〇一）麾下平定淮北捻亂的大將之一。他在編修《南滙縣志》中明言：「咸豐初年，宴會猶只八簋，今則多用燕窩、魚翅炙煿諸品。良由近滬，相沿成習，漸趨華靡。」[43]田芸生在《新鄉縣續志》也有云：「酒席宴會，稍近侈靡，有八大四小，八大八小，四大件則魚翅，海參尚矣……亦可見習尚之奢。」[44]從這些載述可知，自從十八世紀開始，奢華的飲食宴樂已經相沿成俗，漸為陋習。為了撥亂反正，清季的士大夫便開始抵制魚翅、海參、鮑魚等錦華食材，倡導節儉的裨益。比如曾任福建巡撫的徐宗幹（一七九六—一八六六），便曾對酒席過於奢華的現象提出質疑：「動以十六樣，二十樣為美食，未及半，早已饜飫，以後諸品，竟屬虛設，豈非暴殄？」如果要掃改歪風，徐宗幹有以下的建議：「似此糜費，往往一飯破中人之產，何如仍照舊俗。每席以八樣十樣為準，有減無增，魚翅、燒烤、南酒之類，一概不用，豈不而易辦？」[45]

曾經大力鼓吹晚清維新的黎汝謙（一八七五年舉人），對魚翅等奢華食用也感覺不妥。他有一首七言律詩是這樣寫的：

---

42 陳宏謀，〈風俗條約〉，載賀長齡輯，《清經世文編》（北京：中華書局，一九九二），卷六八，〈禮政十五〉，頁一六八四。
43 金福曾，《光緒南滙縣志》（民國十六年重印本），卷二十，〈風俗志〉，〈風俗〉。
44 田芸生，《新鄉縣續志》（民國十二年刊本），卷二，〈風俗志〉。
45 徐宗幹，《道光濟寧直隸州志》（清咸豐九年刻本），卷三之五，〈風土〉。

別種分畦要及時，士渣草滓必勻宜。
紫茄青芥分冬夏，春韭秋菘喜糞脂。
欲引瓜藤柴作椵，為妨雞犬竹編籬。
山家飽啖冰霜味，魚翅熊蟠未有茲。[46]

黎氏以詩明志，主張以菜蔬素食，取代俗氣異常的珍饈八味，並且倡議摒棄熊蟠、魚翅等賓筵上品，重返率性自然。吳永立在其〈致地方各國公團維持改良風俗會書〉中，更直斥奢侈浪費的宴客行為，鼓勵「春客宴會，禁用魚翅」，倡導節儉簡樸之風。[47]與黎汝謙、吳永立相似的名儒學人，在晚清還有很多例子，但由於他們所鼓吹的，意思大多類同，所以就不再贅舉了。

儘管抵制魚翅、鮑魚等珍稀海產的聲音此起彼落，晚清的奢靡之風卻未見休止。達官顯貴對魚翅的追求更是有增無減；不論是喜慶場合，還是喪葬典禮，魚翅依舊是席上珍品，至於「燕窩燒豬，亦供賓例菜矣」。由此可以證明，自盛清以來，魚翅在上流社會存續著一道禁不勝禁的魔力，主導著奢華消費的心態和行為。當然，我們必須承認，消費者的心態多少也會帶有主觀的價值判斷；然而，魚翅的歷史告訴我們，因人而異的主觀性，不免也會受到社會生態與文化因素所影響。每當一件商品被「經典化」以後，它的價值大多會變得牢固不破，在同儕之間、家族圈子、貿易市場，甚至是個別文化圈內，占據著一個約定俗成，兼且難以撼動的無形位階。

小結

話說到這裡，我們大概可以總結，魚翅之所以會被古人珍視，箇中原由絕非偶然。由於這種海產源於深海，加上鯊魚本身的凶悍形象鮮明，再配上文人學士和醫理學家在明清以來的推波助瀾，魚翅在十八世紀便成為市場上有價有市的奢侈商品。不過，我們還要去問一個問題，就是消費魚翅這個行為，究竟有什麼歷史和社會意義呢？明清兩代的消費者食用魚翅之時，是否純粹為了一嘗口腹之欲？當中還富含其他意涵嗎？在我看來，如果我們只是在處理魚翅的小掌故，我們大可不必理會口腹之癮以外的話題，不過，正如我在前文提及，在物

46 黎汝謙，《夷牢溪廬詩鈔》（清光緒二十五年羊城刻本），卷二，〈灌園〉，葉四下。
47 吳永立，《新平縣志》（民國二十二年石印本），第二十三冊，〈詩文徵〉。

質文化史的視角下，史家不會單純地把食物當成飽肚裏腹的食材而已。我們相信，每種被消費的商品，基本上都會牽帶著一種隱性語言，甚至是標誌著一種社會關係。

魚翅能夠帶動一種飲食上的潮流，引發人際之間的感覺和共鳴，與其他商品相似，箇中必定有某種象徵性的意義，否則我們便不會有「我消費什麼，就代表我是哪種人」，甚至是「我消費，所以我存在」（I spend therefore I am）的社會心態。[48]然而，如果我們換一個角度去看，魚翅所負載的所謂象徵意義，其實也是消費魚翅的人所賦予的。不僅如此，賦予魚翅象徵意義的人，本身也在文化，又或者身分上與眾不同。當這些特質被投射到魚翅的身上時，它便不只是鯊魚腹背的翼鰭，而是一種富含另一種象徵意義的海洋珍品。換句話說，在深海中的魚翅與明清學人在餐桌上所食用的魚翅，兩者看似相同，但在文化史的角度上，其實是有所差別的。

如果我們借用其他商品為例，或者可以令我的立論更加鮮明。在中世紀英國，蔗糖是上流社會的必備食品，但它的特色並不只是一種甜美的調劑，而是一種帶有濃厚階級色彩的奢侈品。究其原因，無非在十五、十六世紀，英國本土沒有種植甘蔗的天然條件，只好依仗東南亞的蔗糖生產。[49]正如我在本章節多番強調，珍品的生成，無非與其來源有關。由於蔗糖來自遠東，價格殊昂，並非人人可以企及；如是者，能夠享用這種甘香甜味的，就是一種社會地位的象徵。又好像茶在中國的歷史，雖然到了明清兩代，它已成為一種很普遍的飲料，但明清學人在茗茶時所講究的品嘗方法，便為茶杯裡的茶葉和熱開水激發了一種象徵意涵。

如果我們綜合上文的討論，自然可以把魚翅的生命歷史「理論化」（theorise）和「概念化」（conceptualise）。很明顯，魚翅是一種達官顯貴為了展示其身分象徵的奢侈品。食用魚翅，大概就是達致高貴陶醉的一種滿足感。更值得我們注意的是，鯊魚雖然在文本當中多次被刻畫成海上最凶悍的物種之一，但消費者為了追逐奢華，卻依舊不畏艱險地去捕獵牠，去挑戰牠。這是一種衝擊大海的冒險心理，也可以視之為探索海洋的一股刺激。這種消費行為，大概和在原野上狩獵虎豹，取其獸皮等心態相似。唯一不同的，或許就是海洋在明清中國，往往多了一層神祕與莫測。易言之，在上流社會消費和食用魚翅，同時也隱喻著一種征服海上霸王的感覺；這是一種精神上奢華，也是一種超越味覺、嗅覺和視覺享受的消費態度。

---

48 語出Philip Roscoe, *I Spend Therefore I am: How Economics has Changed the Way We Think and Feel* (Penguin Random House Canada, 2014).

49 Michael Fakhri, *Sugar and the Making of International Trade Law* (Cambridge: Cambridge University Press, 2014), p. 7.

第六章

泛泛安平渡，端居渺滄海

盛清時代的海洋詩文

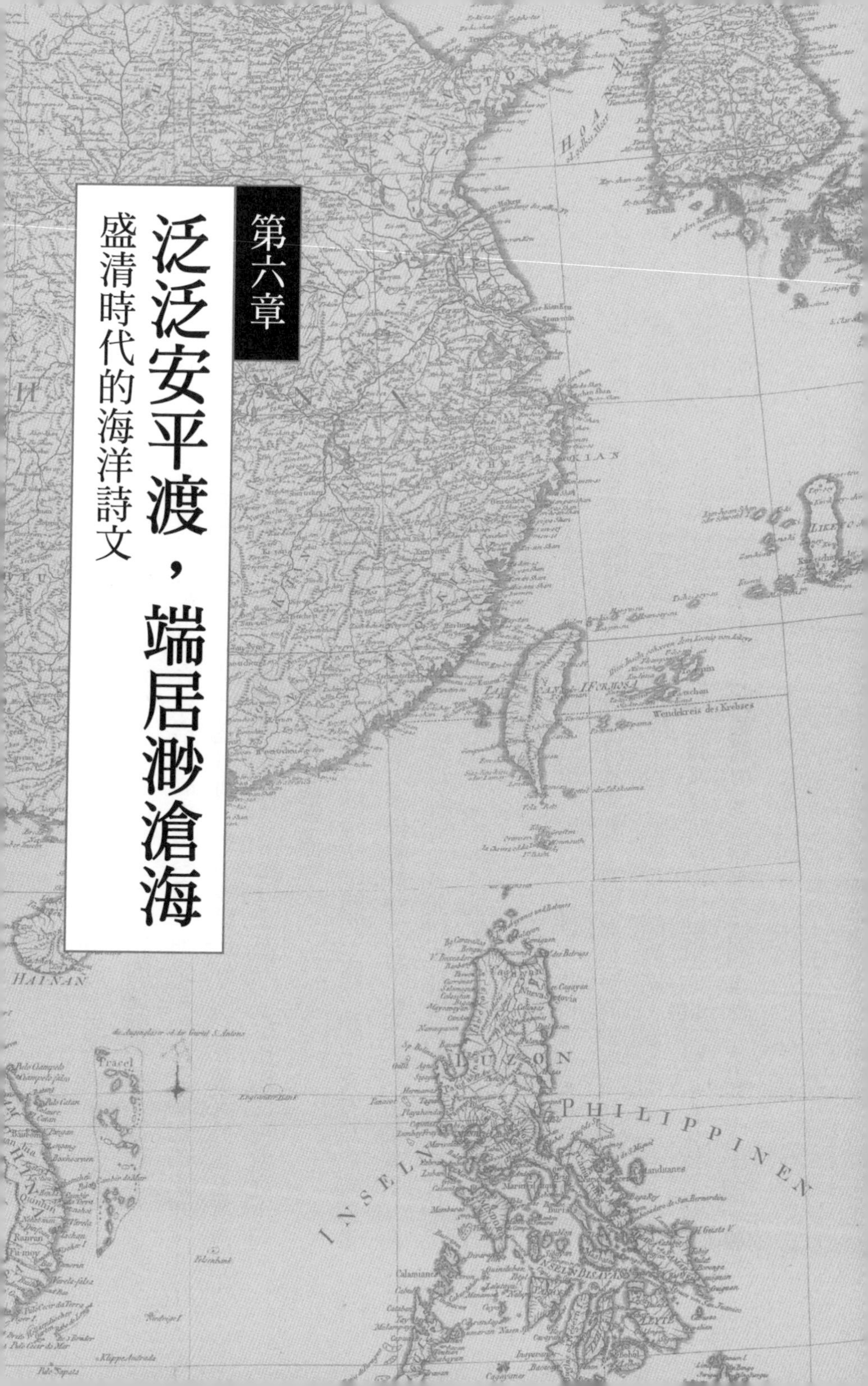

十七世紀是荷蘭的一個黃金時代；其中在航海、科技與商貿領域上的突破，最為人津津樂道。雖然國家的面積不過四萬一千平方公里，卻因為十七世紀的蓬勃發展，成就了一個足以在海上稱雄的西歐霸權。我在第一章介紹過的格勞秀斯，便是見證荷蘭崛起的風雲人物之一。這個十七世紀的海上霸者，除了船堅炮利、靈活多變之外，它在藝文界也曾經掀起一股創作風潮，在繪畫藝術的歷史上影響深遠。具有巴洛克風格（Baroque）和現實主義（realism）的「海洋畫作」（marine art），[1]便是一個顯著例子。

在黃金時代出爐的「海洋畫作」，特色在於它以海洋空間為主題，配上寫實和典雅的畫風，描繪海上世界與沿海地區的脈動。這些作品大多細膩鮮明，對戰船海員、琉璃珠貝、海港貿易，以至各種風濤災難和帆檣星影，均見筆力深刻，富強烈的臨場感覺。這一系列的美術作品，不但可以滿足觀賞者的視覺神經，其中也隱含著繪圖者的心思、態度，甚至是他們對海洋與國家的憧憬和關懷，是非常珍貴的歷史材料。

明清中國在繪畫藝術的發展上，也有教人稱頌的地方；可是，我們卻很難找到具有海洋畫風的作品傳世。這是否代表明清學人對海洋沒甚興趣？對大海欠缺關懷呢？相信到了書的第六章，讀者對我的研究取態已經有一個大概，也可以估量我的答案。儘管明清一代未有流傳經典的海洋畫作，但卻不代表學人和海洋之間沒有築建任何思想上的連繫。在大部分詩人墨客眼中，海洋是他們創作的場域；是一個靈感積聚，揮灑文情的泉源。事實上，中國文學中的海洋因素，自古以來不乏例子，如果我們仔細一點，便能夠感受到拍打經典文本的滄浪濤聲。至少從三國時代開始，學人已經將目光投注到萬里波濤之上。比如曹孟德（一五五—二二〇）的〈觀滄海〉，東晉謝靈運（三八五—四三三）的〈觀海詩〉，以至張融（四四三—四九七）情感洋溢的〈海賦〉，皆是文學史上眾人必讀的經典。

及至盛唐一代，李白（七〇一—七六二）的「海客談瀛洲，煙濤微茫信難求」，[2]張九齡（六七三—七四〇）的「海上生明月，天涯共此時」，[3]以至韓愈（七六八—八二四）的「風波無所苦，還作鯨鵬遊」，[4]都是海洋在唐詩中得以淋漓盡展的舉隅。不過，在唐代或以前，文士對海洋大多只是一種觀望或遠眺，即便詩文的摹繪如何深刻，終究存在一種隻身未及的距離。這種「望遠觀海」的創作特色，一直要到宋代之後，方才有所改變。不論是蘇軾越渡瓊州時的惆悵，還是陸游（一一二五—一二一〇）航海時的感惜，相對前朝，這些詩文便多了一份設身處地的感受，興味盎然。

1 George S. Keyes, Dirk De Vries and James A. Welu, *Mirror of Empire: Dutch Marine Art of the Seventeenth Century* (Cambridge: Cambridge University Press, 1990).
2 李白，〈夢遊天姥吟留別〉，載《全唐詩》（北京：中華書局，一九八五），第五冊，卷一七四，頁一七七九。
3 張九齡，〈望月懷遠〉，載《全唐詩》，第二冊，卷四八，頁五九一。
4 韓愈，〈海水〉，載《全唐詩》，第十冊，卷三四五，頁三八六九。

除卻這類關乎詩人自身的創作外，大概由於海事相繼發達，一些海洋活動也開始成為學人名士的記錄對象。譬如柳永（九八七—一〇五三）的〈煮海歌〉，便是描畫沿海漁民臨海製鹽的情況。詩中「風乾日曝鹽味加，始灌潮波塯成鹵」、「晨燒暮爍堆積高，才得波濤變成雪」、「周而復始無休息，官租未了私租逼」等句，逐一將鹽民辛勤勞動的畫面呈現眼前，與西歐的海洋畫作，諸如英國畫家約瑟夫·特納（Joseph M.W. Turner, 1751-1851）〈沙甸魚季節的聖馬域〉（*St. Mawes at the Pilchard Season*）相仿（見圖6-1）。雖然柳永和特納的時代相距甚遠，但兩者所展示的意象，大可以超越時空，

圖6-1　約瑟夫·特納，〈沙甸魚季節的聖馬域〉。

相較比擬。

從以上的概述可知，明清時期的海洋詩作，自有其歷史軌跡和發展脈絡。那麼到了十八世紀，這些海洋作品，在題材、風格和意境上，與唐宋以來的詩文章句又有什麼分別呢？明清時期，海貿日益進步，出海遨遊、揚帆渡海的例子愈見普遍。到了盛清一代，在沿海地區成長、生活的文人學士，多少也曾有過涉足波濤，甚至是漂流異國的經歷。這些親身體驗，自然成為他們創作的獨有視覺和素材。而就數量上而言，十八世紀的海洋詩文在子部和集部俯拾即是；至於在篇幅、體裁和內容方面，更較前朝來得多樣廣泛。由於詩文的數量實在太多，恐怕無法在一個章節內把它們全數納入討論。有鑑於此，唯有選取個別主題，與大家分享一下我的觀察。

翦翦寒風雪浪平，迢迢良夜泛舟輕[5]

在眾多書寫題材當中，令我最感興趣的，就是以「渡海」為題的作品。在康熙攻伐臺灣

5　語出烏竹芳，〈漏夜放舟之澎湖〉，載林豪、潘文鳳，《澎湖廳志》，收錄於《臺灣文獻叢刊》第一六四種，卷十四，〈藝文下〉，〈詩〉，頁四八一。

後，宦遊渡海的詩文猶如雨後春筍，內容也很有意思。這些渡海詩文大多是長編章句，以古詩、歌行、又或者騷體的文風，記錄學人文士渡海過程中的所見所聞，載述不但詳實豐沛，而且大有體會。作者更不時在詩題旁側加上注文和序言，補述他們克歷波濤，渡海脫險的經歷，意境自然更加深刻。這些渡海詩文還有一個特點：或許因為在十八世紀，要越過驚濤駭浪，始終不是一件簡單容易事；所以在渡海之後，學人大多充滿感受，興致大發，對生命、仕途、家國等方面多作反思。如是者，他們的作品便在渡海見聞之上，塗添一層返躬內省的深重意蘊，令人讀後難忘。

我在下文選取的渡海作品，它們也有一個共通之處：就是以福建沿岸為起點，臺灣西岸為終點。這種特色也有必要交代一下。我之前已經提及，在臺灣正式被歸納清室版圖後，渡海詩文的數量大幅增加，這裡可以反映兩個重點。首先，在一六八四年之後，文人學士出海渡臺的例子與日俱增，姑勿論他們是自願（voluntarily）還是非自願性（forced）渡海，在數字上是有代表性的。另一方面，這類渡海詩也告訴我們，臺灣海峽是連結大陸和臺灣的關鍵洋域。它不僅推動了我們熟知的經貿往來，在文化創作，藝文思想方面，也催化了一系列的連繫，把大陸本土與「化外臺灣」的「華夷距離」拉得更近。我們稍後在觀閱部分詩文時，便可以更深切體驗到作者在這方面的宏觀感受。

還有一點，雖則這些詩文大多由福建出發，但卻不代表作者一定戶籍福建。在福建啟航到臺灣，無非因為航程相對順風，而在海上可能經歷的險礁洋流，當時的船工舵手也有一定的掌握。順道一提，在十八世紀由大陸渡臺，大多會選擇由廈門出發至鹿耳門的航線，途經澎湖列島。乾隆時代重修的《臺灣縣志》便有以下的記述：

鹿耳門西北至澎湖，水程四更，約一百八十里。澎湖西北至廈門，水程七更，約三百里……按海洋行舟，以磁為漏筒，如酒壺狀，中實細沙，懸之，沙從筒眼滲出，復以一筒承之，上筒沙盡，下筒沙滿，更換是為一更。每一日夜共十更。每更舟行可四十餘里。而風潮有順逆，駕駛有遲速……自臺抵澎為小洋，自澎抵廈為大洋，故亦稱重洋。[6]

根據上文，我們可以想像，自廈門出發後，大約經過七更海程，便會抵達澎湖，這片海域泛稱「大洋」；而由澎湖出發到鹿耳門，海程約四更，稱為「小洋」。由此可見，由福建廈門到臺灣，大約需要共十一更左右的時間；倘若風潮暢順，海面無風無浪，大約一天左右便可以成功渡海，抵達臺灣。

不過，海洋風波險惡，要在出航時無風無浪，在風帆時代，可要配合多少運氣。始終在

6 王必昌，《重修臺灣縣志》，卷二，〈山水志：海道〉，載《臺灣文獻叢刊》，第一一三冊，頁五〇—五二。

有限的航海技術下，船員每番揚帆出海，也要有充分的心理準備，面臨渡海時可能經歷的各種凶險，其中包括風向的突變、暗流的湧進，以及海岸礁石和各種氣候變化等問題。所以王守仁（一四七二—一五二九）在其〈泛海〉一詩早有言道：「險夷原不滯胸中，何異浮雲過太空？夜靜海濤三萬里，月明飛錫下天風。」[7]而《小琉球漫誌》的作者朱仕玠，也在其〈泛海歷程〉中記錄他由廈門出發，最後卻花了近十天的時間，方才安全抵臺。[8]由此可知，渡海航程要一帆風順，往往不是必然。

風生八面往來殊

和朱仕玠一樣，大部分學人在十八世紀的出洋經歷也是障礙重重，我們從以下的渡海詩文當中，便可以有更充分的理解。在蒸氣船出現之前，要碧波暢行，非借助風力不可。所以海面風向如何，自然是航行過程中的一大關鍵。由福建渡海臺西，皆為西北至東南的走向，所以要一路順風，便要依仗由大陸吹至離岸的西北強風。如果船隻在出航之後，不幸遭遇東風或者東南風，自然需要中途停歇，更有甚者，或有可能要回程返航。在十八世紀的渡海詩文，我們不難找到有關風候的描寫；綜合來說，大概可以分類為「逆風」、「颶風」與「無風」三種情景。

所謂逆風，顧名思義，就是與預期中相反的風向；它也可以包括一系列變幻無常的風信，清人也會稱之為「石尤風」。[9]曾經在乾隆六年（一七四一），擔任巡臺御史的張湄（一七三三年進士），在其〈海道〉一詩中便有言：

> 七更針路指澎湖，祕本流傳近有無。
> 此地未須論道里，風生八面往來殊。[10]

按張湄的描繪，海上風信總是飄流不定，一刻順風，下一刻便有可能「風生八面」，亂了「針路」（意指出航路線）。同樣是一七四一年，淡水廳海防同知莊年（一七〇三—一七

7 王守仁，〈泛海〉，載其《王陽明全集》（上海：上海古籍出版社，二〇〇六），上冊，卷十九，頁六八四。

8 見朱仕玠，〈泛海歷程〉，《小琉球漫志》，載《臺灣文獻叢刊》，第三冊，頁六—一四。

9 元代伊世珍在其《瑯嬛記》中對石尤風有此介紹：「石尤風者，傳聞石氏女，嫁為尤郎婦，情好甚篤。為商遠行，妻阻之，不從。尤出不歸，妻憶之病亡。臨亡長嘆曰：『吾恨不能阻其行，以至于此。今凡有商旅遠行，吾當作大風，為天下婦人阻之。』自後商旅發船值打頭逆風，則曰：『此石尤風也。』遂止不行。」詳見《筆記小說大觀》（臺北：新興出版社，一九七七），第六冊，頁一五三二。

10 〈巡臺御史張湄詩〉，《重修臺灣縣志》，載《臺灣文獻叢刊》，第一一三種，頁五八。

五五）在〈遼羅阻風〉中也有云：

> 遙望東寧東復東，天公何事日東風。
> 海門浪湧如湯沸，落照滄波一抹紅。[11]

和張湄一樣，莊年渡臺期間，卻無故遭遇逆行東風。從莊年的記述看來，大風吹得潮浪「如湯沸」，可見風勢勁度威脅十足。除了張湄和莊年之外，康熙時代的季麒光（一六七六年進士）也有「五虎門高怒石尤，海王作勢滯行舟」的無奈；而陳璸（一六五六－一七一八）亦曾有言謂「量移須識君恩重，鎮日奚堪阻石尤」。很明顯，這些記載都是因為渡海之時，遭遇阻行逆風，有感而作。

在逆風之外，最令航行者驚魂動魄的，莫過於海上的颶風與颱風。事實上，颶風與颱風在清初已有詳文，說明兩者的分別。我們在康熙年間出版的《臺灣府志》，便可以找到以下的說明：

> 風大而烈者為颶，又甚者為颱。颶常驟發，颱則有漸。颶或瞬發倏止，颱則常連日夜，或數日而止，大約正、二、三、四月發者為颶，五、六、七、八月發者為颱。[12]

引文直截清楚，解釋颱風比颶風猛烈，歷時不同，彼此也有時令之分。不過，在清代可見的渡海詩中，我們通常只會看到有關「颶風」的書寫，至於「颱風」則相對少見。但我卻不認為遠行者只有遭遇「颶風」的經驗，究其原因，相信是大部分學人均未曾深究兩者的異同而已。

季麒光在其〈舟行大洋〉一詩中便有「出海遇颶」的閱歷：

朝出五虎門，暮宿梅陵口。
一日千里程，輕航快馳驟。
風從東西來，帆檣隨所受。
船在天上行，轉側愁反覆。
榜人急叫呼，心悸魄亦瘦。
屈伸非所甘，俯仰若有負。

11〈遼羅阻風〉，六十七著，《使署閒情》，載《臺灣文獻叢刊》，第一二二種，頁七六。

12 高拱乾，《臺灣府志》，載《臺灣文獻叢刊》，第六十五種，卷七，〈風土志·風信〉，頁一九三。

恍疑醉未醒，宛似病初瘳。
……
古來稱海王，龍螭窟宅舊。
颶母鼓鯨宮，鮫女弄蜃臼。

季氏的描繪，彷如泰奧多爾·居丹（Theodore Gudin, 1802-1880）的名畫〈肯特的海灘〉（*Incendie du Kent*）（見圖6-2）。原本航程看似順風，卻突然遭逢巨變，船身彷彿飄揚至穹蒼，著人「轉側愁反覆」，「心悸魄亦瘦」。海面之所以有如斯大變，在季麒光筆下，相信是因為海王、颶母龍顏大怒所致。「颶母鼓鯨宮，鮫女弄蜃臼」，應該就是遭遇颶風的意思。不過，如果我們翻查紀錄，季麒光是在一六八四年八月渡海臺灣的，所以他所指的應該是颱風，而非颶風。

圖6-2〈肯特的海灘〉

相隔十一年後，曾出任臺灣府儒學教授的林慶旺，在出海渡臺時，也有類似的經歷和感興：

五更颶發肆狂瀾，險阻百千客棹難。
舟柁豈安潮淼湧，漁燈錯認曉霞觀。
蛟龍水面吞星鏡，凰鳳山頭遁日丸。
波入鹿門風未宿，一層驚了一層灘。[13]

船隊行至五更天，便不幸遇到颶風狂瀾，潮浪淼湧。一層一層的海波，在林慶旺眼中，恍如蛟龍在水中翻騰，掀動洋面的千層巨浪，是一層又一層驚心動魄的冒險。

某些渡海詩即便沒有明示作者遭遇「颶風」，但從字裡行間，也可以得知是颶風來襲的紀錄。曾任屏山書院山長的卓肇昌（一七五〇年舉人），在其〈鹿耳門口夜泊遭風〉中便有云：

13 林慶旺，〈鹿耳門曉望〉，載周元文，《重修臺灣府志》，收錄於《臺灣文獻叢刊》，第六十六種，卷廿，〈藝文志〉，頁四〇六。

滔滔天上湧，栖泊未遑安。
獨夜江中夢，驚濤雨後看。
長縆綿浦闊，孤島覺栖單。
愁耐今宵永，膽深六月寒。
陰焚疑遠近，怒激聽淒酸。
晴曉梢移陌，潮痕尚未乾。[14]

詩中雖然沒有「颶母鼓鯨宮」、「颶發肆狂瀾」等刻畫，但就「滔滔天上湧」、「膽深六月寒」、「怒激聽淒酸」、「潮痕尚未乾」等記載，不難估計在六月出航之所以經歷「大雨驚濤」，無非因為颱風過境，導致潮起浪湧之故。

飛廉倏來海若怒，頹飆鼓銳喧鯨鯢

有關「颶風」的詩文在十八世紀還有很多例子，如果要把它們一一列舉，可以是另一部專著。不過，我還希望多引兩例，說明渡海詩不僅是有關海上風雲的紀錄，內裡也隱含著作者看待、解讀和面對海洋的主觀情感。一七〇五年，孫元衡（一六六一—？）授命渡海，出任臺灣府海防同知，他在〈乙酉三月十七夜渡海遇颶天曉覓澎湖不得回西北帆屢瀕於危作歌以紀其事〉一詩中，便曾經憶述一場令他畢生難忘的海洋風暴。詩文雖然有點長篇大論，但卻值得細讀一下：

> 羲和鞭日日已西，金門理楫烏鵲棲。滿張雲帆夜濟海，天吳鎮靜無纖翳。東方蟾蜍照顏色，高低萬頃黃琉璃。飛廉倏來海若怒，頹飆鼓銳喧鯨鯢。南箕簸揚北斗亂，馬銜罔象隨蛟犀。暴駭鏗訇兩耳裂，金甲格鬥交鼓鼙。倒懸不解雲動席，宛有異物來訶詆。伏艎僮僕嘔欲死，膽汁瀝盡攣腰臍。長夜漫漫半人鬼，舵樓一唱疑天雞。阿班眩睫痿筋力，出海環珓頻難稽。不見澎湖見飛鳥，飛鳥已沒山轉迷。旁羅子午晷度錯，陷身異域同酸嘶。況聞北嶕沙似鐵，誤爾觸之為粉齏。回帆北向豈得已，失所猶作中原泥。浪鋒舂漢鷁首立，下漩渦臼高桅低。怒濤洶濺頂踵濕，悔不脫殼為鳧鷖。[15]

14 卓肇昌，〈鹿耳門口夜泊遭風〉，載王瑛曾，《重修鳳山縣志》，收錄於《臺灣文獻叢刊》，第一四六種，卷十二，〈藝文志〉，〈詩賦〉，頁四四一。

15 孫詩載於林豪、潘文鳳，《澎湖廳志》，卷十四，〈藝文下〉，〈詩〉，頁四六一—四六二。

孫詩開首以烏鵲棲鳴、海上「鎮靜無纖翳」等語帶出山雨欲來的氣氛。在明月的照耀下，海面便恰似一片片黃色的琉璃，靜止不動。豈料「飛廉倏來海若怒」，海神、風伯猶如發狂似的，「南箕簸揚」，「不解雲動席」；頹飆鼓銳似的海浪席捲星空，海風呼嘯得令人「鏗訇兩耳裂」；海面亂作一團，期間更見海中鯨鯢，不停發出惋惜哀痛的喧囂聲。至於天上飛鳥，已被統統嚇怕，海天之間宛有一堆神怪異物在怒吼惡鳴，船上僮僕，也因為風浪不息而「嘔吐欲死」；船夫（阿班）一眾更加目眩睫痿，筋竭力疲。眼見如此怒濤風暴，孫元衡恨不得「脫殼為鳧鷖」，變成其他飛鳥一樣，逃離現場。

儘管我們很難確認孫詩的真確度，但

圖6-3 〈梅杜薩之筏〉

無可否定，孫元衡對海上風濤的描繪可謂觸目驚心。颶風肆虐，怒濤洶濺的感染力生動逼人，令我立時聯想到另一幅海洋畫作：〈梅杜薩之筏〉（*Le Radeau de La Méduse*）（見圖6-3）。此畫由法國浪漫主義（romanticism）畫家西奧多・傑利柯（Théodore Géricault, 1791-1824）所繪，記錄海難生還者在舟筏之上，悲痛求生的場面。孫元衡雖然不至於要奮力求生，但他在詩中希望化成鳧鷖，逃出生天的感覺，可以說是有過之而無不及。

第二個例子，是出自乾隆時代，與袁枚、蔣士銓（一七二五—一七八五）並稱「江右三大家」的趙翼（一七二七—一八一四）之手。一七八七年，趙氏應閩浙總督李侍堯（？—一七八八）力邀，渡臺協助平定林爽文（一七五六—一七八八）之亂。他到達廈門岸邊時，便有一首題為〈颶風歌〉的七律傳世：

> 昔聞海風颶最大，我今遇之驚門廨。誰將噫氣閉土囊，一噴咽喉不可扼。隆隆萬鼓排陣來，群木盡作低頭拜。鬱怒似有塊磊填，憤盈直覺虛空隘。鬼魔掀動天擺摩，虎豹吼裂山破壞。立腳雖穩尚愁倒，對面相呼只如聵。可憐鸛鵲也不飛，恐被掀出青天外。是時習流千戰櫂，眼望赤嵌不得到。恨煞海神亦小人，借勢作威逞凶暴。湧浪上薄浮空雲，濺沫橫轟發機炮。盡排鷁首椓杙牢，猶自終宵驚簸掉。風名颶母應雌風，胡為更比雄風雄。想從少女封姨後，老作陰怪多神通。何不吹轉颿向東。不然更到海水竭，平步

可達扶桑紅。吾當綠章上箋奏，俾爾配食天妃宮。[16]

趙翼在詩歌開首，便表示他早已得知颶風的破壞力驚人，有如虎豹吼裂，堪比在海中經歷地動山搖。即使大聲呼喊，站在對面的人也不會聽到。由於海中風暴悍猛，可憐鸛鵲也不敢遠飛，只好留守岸邊，以免被風暴「狃出青天外」。面對海上狂風，與孫元衡不同，趙翼卻沒有希望一走了之；他怨恨觸動這些狂風嘯雨的海神，有如小人老妖一樣，借助災風弄虛作怪，是妖邪凶暴。正因為這些「借勢作威」的天象，以致出征臺海的軍艦「終宵顛簸搖晃」。趙翼在詩中也特別灌注了一些性別元素，形容颶母應屬女子，她在海中掀起的重重風浪，應為力量較弱的「雌風」，但何解感覺比「雄風」更為雄猛？他遂藉此警告海中諸神，理應順民應天，盡快平息風浪，且及早改變風向，又或者讓臺海的流水乾竭，以助大軍早日渡海，殲敵平亂。

孫元衡與趙翼，分別從不同的視角，抒發他們面對驚濤駭浪的心理變化。前者是提心吊膽，後者可是灑脫激昂。或許是差別不大的海上風暴，在學人筆下便有不盡相同的體驗。特別是趙翼的例子，他把海洋的驚怖莫測，引導至一種平亂勦賊的期許，當中所隱含的豪情傲氣，和孫元衡的「呼天搶地」比較，不愧是一種強烈的反差。此外，這類渡海詩文在記載風暴肆虐的時候，大多會歸咎於海中龍王，風中颶母。這類對海神的篤信和敬畏，不但對沿海漁民、水師海員有所影響，在詩人學士的文化圈子，也有一種深切的浸染。

聖朝宏遠化，海水不揚波

趙翼透過海中風浪，適度抒展了他對大清朝的感知，期望朝廷能夠止暴平亂，振顯國威。其實，我們在一些十八世紀的渡海詩文當中，特別是遠渡臺灣這類，也可以找到不少以大海為題，膜拜、歌頌大清的文本例子。在康、雍、乾時代，奉漢文化為圭臬的所謂風雅名士，大多對臺灣心存一種「鄙夷」心態；認為臺灣孤懸大海，是化外之地。每當他們有機會出海渡臺，便會有「遠渡邊陬荒地」的感覺。如是者，臺澎海峽便有如一道分隔文明和蠻夷的屏障，一方面把臺灣矮化，另一方面則是文化沃然的泱泱大國。孫元衡有詩三首，大可引證這種觀察。他在〈渡浯通支海〉有言「不毛絕塞幾經年，又到文身海國邊」[17]；在〈廈門登岸〉中更有謂「孤身阻遐域，相逢盡么魔。奉詔遂生還，慰情良已多。惡聲與毒物，不忍

16 趙詩載錄連橫，《臺灣詩乘》，收於《臺灣文獻叢刊》，第六十四種，卷三，頁一〇九—一五六。

17 此詩見其《赤崁集》，收錄於《臺灣文獻叢刊》，第十種，卷一，〈乙酉〉，頁二一。

便捣訶。三年窮困海，瘴癘憂相磨」[18]；而在〈秋日雜詩二十首〉中亦有云「北勢到雞籠，齊諧志怪同。瘴雲凝自古，毒水澹於空。伏火從山鬼，驚濤駕海翁」。[19]

孫元衡以「文身海國邊」、「孤身阻遐域」、「相逢盡么魔」、「惡聲與毒物」和「瘴癘憂相磨」等語，對臺灣的風土人文作出鄙視，文字異常偏激主觀。當然，這只是孫氏的個人觀感，不能視之為一種眾聲同唱的想法。但以孫元衡在文哲界的地位，加上其《赤嵌集》在清中葉已經廣泛流傳，所以他的描畫在文人學士之間，多少都會有所影響。事實上，與孫元衡一樣，盛清時代的部分學人諸如范咸（一七二三年進士）、朱仕玠等人，對臺海對岸的認識，也不外乎是么魔毒物，惡聲與瘴癘。

除了矮化臺灣外，我們還看到不少學人，以渡海為題，藉此展示清朝天恩遠播臺灣的想像。如果沒有清廷的天威恩澤，臺灣終究不能和樂安定。季麒光在〈順風出大洋和韻〉中便嘗言：

一葉乘風破海潮，蕭蕭波浪倚天高。
滿船生死檣身寄，頃刻安危柁尾操。
聖主宣威誠莫外，微臣出牧敢言勞？

何年重泛滄洲棹，再向金門賦玉鰲。

季麒光於一六八四年，由閩清縣遷至臺灣府上任諸羅知縣，是清代第一任臺灣縣令。詩中最後一段，由於「聖主宣威誠莫外」，所以他可以順風出洋，顯然是恭維康熙之語。季氏相信，只要臺灣臣民能夠感恩天威，自然可以成為化內邊陲的一片福地。所以他在另一首作品〈舟行大洋〉也曾表示：

縱使息烽烟，可服不可守。
今也隸版圖，洪荒開未有。
斥鹵有輸將，卉服尊元首。
從此鞏外藩，普天一宇宙。[20]

18 同前注，卷四，〈戊子〉，頁八一。
19 同前注，卷三，〈丁亥〉，頁五〇。
20 季麒光詩文可見其《蓉洲詩文稿選輯》（香港：香港人民出版社，二〇〇六）。

按季麒光的想法，即便臺灣已經歸隸版圖，單靠駐軍布防，實在無助大一統的發展。所以，治臺方略理當是「只可服，不可守」，如果以宣布德威為本，外藩域民自當心悅誠服，海疆亦會因此存續永固。從這兩首詩文得見，出洋大海不時會激起季麒光對治理臺灣的期願，而無形之中，也會滲濾他對朝廷收服臺灣，「洪荒開未有」的讚佩。

雍正年間，一七二五年來臺的吳廷華（一六八二—一七五五），在其〈渡臺灣〉一詩，也有歌頌清朝的筆觸：

出海知前路，指南還向東。
真乘萬里浪，怕趁十分風。
鳥雀渺無影，魚龍自有宮。
年來頌清宴，飛渡見神功。[21]

吳詩的文風遣詞即便通順，惟作品的最後兩句「年來頌清宴，飛渡見神功」，顯然是為了讚頌天朝統治遠溥四海而寫。而在乾隆年間出任巡臺御史的錢琦（一七〇九—一七九〇），在其〈抵任〉詩中，也不忘萌發這種天恩廣播的感受：

東洋世界入婆娑，笑領頭銜一甲螺。
豈合濟川充作楫，自甘考績拙催科。
近南氣候秋冬少，入俗衣冠傀儡多。
為是聖朝宏遠化，百年海水不揚波。[22]

他以傀儡形容臺灣住民，並以「聖朝宏遠化，海水不揚波」等句，寓意臺灣運勢要永享太平，務必依仗聖朝天威。這種叩拜式的歌功頌德，在這類渡海詩中可謂屢見不鮮。而某程度上，它們也是中央透過士大夫群，彰展其帝國性的一種微管道。

一葉輕飄到海天，不覺破浪乘長風

在這些微言大義之外，當然還有一些詩文創作，內容相對輕鬆悠然，行語之間亦帶出作

---

21 吳詩見，《臺灣詩鈔》，載《臺灣文獻叢刊》，第二八〇種，卷二，頁三三。
22 錢詩載錄謝金鑾，《續修臺灣縣志》，收於《臺灣文獻叢刊》，第一二二種，卷八，〈藝文〉，〈詩〉，頁五八六。

者暢遊汪洋的自在。例如在乾隆三十一年（一七六六年）授命渡臺的胡健偉（一七三九年進士），由廈門出發抵達澎湖後，便著作〈到澎湖境〉一詩：

舟人告我水中沚，青青一點小於米。
此是澎湖西嶼頭，好向望樓遙瞪視。
七更洋走十二時，白鳥翻飛驩然喜。
漁火星星漸漸明，到境不過三十里。
風微卸蓆下櫓搖，齊心協力力足恃。
引縆探淺復量深，恐防沙線與礁址。
大船進港本來難，恰值今宵好潮水。
四角仔，金龜觜，港口如門屹山峙。
紛紛吏役懽相迎，紅紗夾岸籠燈俟。
連日驚心千尺濤，足踏實地樂無比。
從容就館謁諸生，殷勤問俗挈大指。
一十三澳民頗惇，澆漓只有媽宮市。[23]

從胡健偉的描畫得知，他的航程可算順風也順水。沿途「白鳥翻飛」，「漁火星明」，「今宵好潮水」。雖然航程途中，胡氏也曾擔心風浪千尺，波濤洶湧，但在「足踏實地」之後，心情便是其樂無窮；全詩基本上也是一幅歡愉的構圖。

同樣是乾隆時代，渡臺出任諸羅縣教諭的盧觀源（一七五二年舉人），也在其〈渡臺灣放洋〉中有云：

揚帆解纜語爭喧，一葉輕飄到海天。
層浪有山隨日湧，積流無地與雲連。
溝稱紅黑曾聞險，躅指東南不畏偏。
為問飛盧何處泊，臺陽遠在扶桑邊。[24]

與胡詩類近，盧觀源的旅途大致順遂，恍如「一葉輕飄到海天」。而他對海波景色的描寫，也予人心曠神怡，逐浪遨遊之感。一句「層浪有山隨日湧，積流無地與雲連」，恰似

---

23 胡詩載錄其《澎湖紀略》，收於《臺灣文獻叢刊》，第一〇九種，卷十二，〈藝文紀〉，〈詩〉，頁二七四－二七五。

24 盧詩載錄連橫，《臺灣詩乘》，頁一二四。

西蒙．腓力克（Simon de Vlieger, 1601-1653）的〈恬靜海〉（*Calm Sea*）一樣（見圖6-4），充分展示出海天一色瀚渺，波濤琉璃如畫的視覺饗宴。

除了胡健偉，盧觀源等學人外，著有《裨海紀遊》的郁永河（一六四五—？），臺灣縣學廩生施士膺，《海東札記》的作者朱景英，以至活躍於乾嘉年間的吳玉麟（一七四六—一八一八），他們也曾經創作類似的渡海詩文，生動地記錄海洋的唯美變化，閒恬與寧靜。與其他海洋作家相比，在胡健偉等名士筆下，大海泛舟不但是一椿賞心悅目的寫意事，它也是一種

圖6-4　西蒙．腓力克的〈恬靜海〉。

「開拓胸臆」[25]的精神願望。海洋是一個充滿正能量的場域，能夠「不覺破浪乘長風」、「纖雲四捲海波清」，[26]自然是人生行旅中的一大樂趣。

小結

盛清一代雖然沒有孕育出像林布蘭・范萊恩（Rembrandt Harmenszoon van Rijn）、彼得・布勒哲爾（Pieter Bruegel de Oude）、祖蒙比亞（Joos de Momper the Younger）等享負盛名的海洋畫家，但卻有大量的海洋詩文留存於世，恍如一幅又一幅融情入景的油畫，教人目不暇給。這些作品所涵蓋的領域繁多，既有「觀海泛舟」一類，亦有記述「海怪神力」等主題。要收錄所有以海洋為核心的文本，不啻是另一部洋洋大觀的專著。[27]如是者，我只好以「渡海詩」為例，綜合其中特色，展示清代學人如何託借大海，舒展他們潛藏的心緒。總

25 語出王文治，〈海天遊草序〉，《夢樓詩集》，卷二，葉一上。
26 語出烏竹芳，〈漏夜放舟之澎湖〉，載林豪、潘文鳳，《澎湖廳志》，頁四八一—四八二。
27 就此，我特別希望推薦廖肇亨、吳毓琪、陳思穎、張高評在明清海洋詩作方面的研究，筆者在撰寫本章節時，受益良多。

的來說，海洋在十八世紀的文學傳統中，是一個具有多重意涵的統括視野。對大部分學人名士而言，它既是一種疆界屏障，也是一個充滿未知的起點。大海中的波瀾起伏，可以是文明對抗蠻荒的一個隱喻；潮浪滔天，「鯨波捲雪」，[28]可以是生命中的一種激盪與感受；至於碧水長流，滄海浩淼，也可以是恩浸四方，寰海免波揚的一份期許。

28 語出何汝賓，〈舟師占驗序〉，《兵錄》，卷首，頁三一五。

後記暨延伸書目

HAINAN
FORMOSA
Wendekreis des Krebses
LUZON
PHILIPPINEN
INSELN

從測劃海疆到巡防造船，以至追尋「海錯」到魚翅的生命歷史，我們分別從各式多元的面向，探視一部有別於傳統論述的清代海洋史。不過，我必須強調，所謂傳統論述，並不一定是枯濫陳腔的舊調。如果沒有前輩學者的開拓與耕耘，即便新的視角如何出眾，理論怎樣吸引，論點終究難以成形。如是者，我在這部小書所申述的大小敘說，無非在可見的學術成果上補充、重構和倡議一些新看法，務以開拓海洋史研究的廣度與深度而已。如果當中有任何錯謬，還望讀者海量汪涵。

我在前言已有交代：《海不揚波》只是我研治海洋史時的心得與觀察，所以在行文和注釋方面，也沒有依從一貫的學術則例。部分讀者或會因此感覺意猶未盡，期待可以有更深入、更學術性的討論。有鑑於此，我特意挑選了一些與本書相關，且在二〇〇〇年後出版的參考書籍，分門別類，附載於此。[1] 為了方便華文世界的讀者，如果該專著已有中譯本面世，我便不會列出原文版本了。

海洋史／海洋學的通論與理論

卜正民（Timothy Brook）著，黃中憲譯，《維梅爾的帽子：揭開十七世紀全球貿易的序幕》

（臺北：遠流出版公司，二〇一七）。

上田信著，葉韋利譯，《海與帝國：明清時代》（臺北：臺灣商務印書館，二〇一七）。

大衛・阿布拉菲雅（David Abulafia）著，宋偉航譯，《偉大的海：地中海世界人文史》（臺北：廣場出版，二〇一七）。

川勝平太著，鄭天恩譯，《文明的海洋史觀》（新北：八旗文化，二〇二〇）。

日韓文化交流基金會編，《海洋／海域と歴史》（東京：日韓文化交流基金會，二〇二〇）。

王玖玖編，《全球史視野下的海洋文明與科技文明》（北京：中國社會科學出版社，二〇一九）。

羽田正著，張雅婷譯，《從海洋看歷史》（臺北：廣場出版，二〇一七）。

李慶新主編，《海洋史研究》（一至十輯）（北京：社會科學文獻出版社，二〇一九）。

林肯・潘恩（Lincoln Paine）著，陳建軍、羅燚英譯，《海洋與文明：世界航海史》（臺北：廣場出版，二〇一八）。

1 如果對二〇〇〇年以前出版的專著和文章有興趣，可以參考以下文章：王日根，〈清代海疆政策與開發研究的回顧與展望〉，Edward William Solan, *Maritime History: A Basic Bibliography* (American Library Association, 1973), Frank Broeze, *Maritime History at the Crossroads: A Critical Review of Recent Historiography* (St. John's Newfoundland, International Maritime Economic History Association, 1995).

威廉・伯恩斯坦（William J. Bernstein）著，潘勛譯，《貿易大歷史：貿易如何形塑世界，從石器時代到數位時代，跨越人類五千年的貿易之旅》（臺北：大牌出版，二〇一七）。

約翰・邁克（John Mack）著，陳橙、馮延群、陳淑英譯，《海洋：一部文化史》（上海：上海譯文出版社，二〇一八）。

約翰・鄧摩爾（John Dunmore）著，楊晴譯，《太平洋的大歷史：偉大航海家這樣改變了自己和東西方的文明與國家命運》（臺北：大是文化，二〇一七）。

張海鵬主編，《中國海域史》（共五卷）（上海：上海古籍出版社，二〇二〇）。

曹永和，《中國海洋史論集》（臺北：聯經出版，二〇一六）。

陳國棟，《東亞海域一千年（增訂新版）》（臺北：遠流出版公司，二〇一三）。

陳國棟，《記憶、海洋與尋常歷史》（新北：淡江大學出版社，二〇二〇）。

陳龍貴、周維強編，《順風相送：院藏清代海洋史料特展》（臺北：國立故宮博物院，二〇一三）。

Abulafia, David, *The Boundless Sea: A Human History of the Oceans* (Oxford: Oxford University Press, 2019).

Alpers, Edward A., *The Indian Ocean in World History* (Oxford: Oxford University Press, 2014).

Armitage, David, Alison Bashford, Sujit Sivasundaram (eds.), *Oceanic Histories* (Cambridge:

Cambridge University Press, 2017).

Beaven, Brad, Karl Bell, and Robert James (eds.), *Port Towns and Urban Cultures: International Histories of the Waterfront, c.1700-2000* (London: Palgrave Macmillan, 2016).

Bentley, Jerry H., Renate Bridenthal, Kären Wigen (eds.), *Seascapes: Maritime Histories, Littoral Cultures, and Transoceanic Exchanges* (Honolulu: University of Hawai'i Press, 2007).

Benton, Lauren, Nathan Perl-Rosenthal (eds.), *A World at Sea: Maritime Practices and Global History* (Philadelphia: University of Pennsylvania Press, 2020).

Bohn, Robert, *Geschichte der Seefahrt* (München: Verlag C. H. Beck, 2011).

de Souza, Philip, *Seafaring and Civilization: Maritime Perspectives on World History* (London: Profile, 2002).

Elvert, Jürgen, *Europa, das Meer und die Welt: Eine maritime Geschichte der Neuzeit* (München: Deutsche Verlags-Anstalt, 2018).

Finamore, Daniel, *Maritime History as World History* (Gainesville: University Press of Florida, 2008).

Fusaro, Maria, Amelia Polonia, *Maritime History as Global History* (Liverpool: Liverpool University Press, 2018).

Gunn, Geoffrey C., *History without Borders: The Making of an Asian World Region, 1000-1800* (Hong Kong: Hong Kong University Press, 2011).

Haneda, Masashi, Mihoko Oka (eds.), *A Maritime History of East Asia* (Kyoto: Kyoto University Press / Melbourne: Trans Pacific Press, 2019).

Hattendorf, John B. (ed.), *The Oxford Encyclopedia of Maritime History* (Oxford: Oxford University Press, 2007).

Jowitt, Claire, Craig Lambert, and Steve Mentz, *The Routledge Companion to Marine and Maritime Worlds, 1400-1800* (New York: Routledge, 2020).

Kahlow, Simone, *Transfer between Sea and Land: Maritime Vessels for Cultural Exchanges in the Early Modern Period* (Leiden: Sidestone Press, 2018).

Miller, Peter N., *The Sea: Thalassography and Historiography* (Ann Arbor: The University of Michigan Press, 2013).

Papadopoulou, Chryssanthi (ed.), *The Culture of Ships and Maritime Narratives* (New York: Routledge, 2019).

Pearson, Michael N., *The Indian Ocean* (London and New York: Routledge, 2003).

Redford, Duncan, *Maritime History and Identity: The Sea and Culture in the Modern World*

(London: Bloomsbury Academic, 2014).

Richter, Dieter, *Das Meer: Geschichte der ältesten Landschaft* (Berlin: Verlag Klaus Wagenbach, 2014).

Roorda, Eric Paul, *The Ocean Reader: History, Culture, Politics* (Durham: Duke University Press, 2020).

Rozwadowski, Helen M., *Vast Expanses: A History of the Oceans* (London: Reaktion Books, 2018)

Schwerdt, Wolfgang, *Seefahrt Aspekte: von der Frühzeit bis zum 19. Jahrhundert* (Createspace Independent Pub, 2012).

Sivasundaram, Sujit, *Waves across the South: A New History of Revolution and Empire* (London: William Collins, 2020).

Strootman, Rolf, Roy van Wijk, Floris van den Eijnde (eds.), *Empires of the Sea: Maritime Power Networks in World History* (Leiden: Brill, 2019).

Wang Gungwu, Chin-keong Ng, *Maritime China in Transitions, 1750-1850* (Wiesbaden: Harrassowitz Verlag, 2004).

海圖與海洋地理

卜正民（Timothy Brook）著，黃中憲譯，《塞爾登先生的中國地圖：香料貿易、佚失的海圖與南中國海》（臺北：聯經出版，二〇一五）。

卜正民（Timothy Brook），《全圖：中國與歐洲之間的地圖學互動》（臺北：中央研究院近代史研究所，二〇二〇）。

彼得·懷菲德（Peter Whitfield）著，廖桓偉譯，《大英圖書館海圖全覽：世界應該是什麼樣子？200張以上你從沒看過的海圖，這些都是統治地球的說明書》（臺北：大是文化，二〇一八）。

高茂生、侯國華、周良勇，《山東海岸帶地質環境特徵及評價》（武漢：中國地質大學出版社，二〇一八）。

梁二平，《中國古代海洋地圖舉要》（新北：風格司藝術創作坊，二〇一五）。

梁二平，《誰在地球的另一邊：從古代海圖看世界》（新北：風格司藝術創作坊，二〇一五）。

梁廷柟、張喜、金毓黻、黃維翰編，《中國古代海島文獻地圖史料匯編》（香港：蝠池書院，二〇一三）。
鄭永常，《明清東亞舟師祕本：耶魯航海圖研究》（臺北：遠流出版公司，二〇一八）。
Akerman, James R., *The Imperial Map: Cartography and the Mastery of Empire* (Chicago: The University of Chicago Press, 2009).
Du, Yongtao and Jeff Kyong-McClain (eds.), *Chinese History in Geographical Perspective* (Lanham: Lexington Books, 2013).
Park, Hyunhee, *Mapping the Chinese and Islamic Worlds: Cross-Cultural Exchange in Pre-modern Asia* (Cambridge: Cambridge University Press, 2012).
Schottenhammer, Angela, Roderich Ptak (eds.), *The Perception of Maritime Space in Traditional Chinese Sources* (Wiesbaden: Harrassowitz Verlag, 2006).
Smith, Richard J., *Mapping China and Managing the World: Culture, Cartography, and Cosmology in Late Imperial Times* (London: Routledge, 2013).

海疆管理，海權，海防，造船與海戰

方堃，《中國沿海疆域歷史圖錄》（合肥：黃山書社，二〇一七）。
王日根，《明清海疆政策與中國社會發展》（福州：福建人民出版社，二〇〇六）。
王日根，《海潤華夏：中國經濟發展的海洋文化動力》（廈門：廈門大學出版社，二〇一五）。
王宏斌，《清代內外洋劃分及其管轄權研究》（北京：中國社會科學出版社，二〇二〇）。
王宏斌，《清代近海管轄權資料長編》（上海：上海古籍出版社，二〇一九）。
王宏斌，《清代前期海防：思想與制度》（北京：社會科學文獻出版社，二〇〇二）。
李其霖，《見風轉舵：清代前期沿海的水師與戰船》（臺北：五南圖書，二〇一四）。
李其霖，《清代黑水溝的島鏈防衛》（新北：淡江大學出版中心，二〇一八）。
知識產權出版社編，《海疆文獻初編：沿海形勢及海防》（北京：知識產權出版社，二〇一一）。
張海鵬主編，《中國海域史》共五卷（上海：上海古籍出版社，二〇二〇）。
張煒、方堃，《中國海疆通史》（鄭州：中州古籍出版社，二〇〇三）。

莊吉發，《海疆鎖鑰：故宮檔案與清代臺灣史研究》（臺北：文史哲出版社，二〇一九）。
許毓良，《清代台灣海防》（北京：社會科學文獻出版社，二〇〇三）。
陳在正，《台灣海疆史》（新北：揚智出版社，二〇〇三）。
陳博翼，《限隔山海：十六至十七世紀南海東北隅海陸秩序》（南昌：江西高校出版社，二〇一九）。
陳鈺祥，《海氛揚波：清代環東亞海域上的海盜》（廈門：廈門大學出版社，二〇一九）。
麥勁生編，《近代中國海防史新論》（香港：三聯書店有限公司，二〇一七）。
曾樹銘、陸傳傑，《航向台灣：海洋台灣舟船志》（新北：遠足文化，二〇一三）。
閔澤平編，《清代道光朝海洋活動編年》（武漢：武漢大學出版社，二〇二〇）。
楊金森、范中義，《中國海防史》（北京：海洋出版社，二〇〇五）。
萬明，《中國融入世界的步履：明至清前期海外政策比較研究》（北京：故宮出版社，二〇一四）。
詹姆斯・史塔萊迪（James Stavridis）著，譚天譯，《海權爭霸：世界七大海洋的歷史與地緣政治：全球列強戰略布局與角力》（新北：聯經出版，二〇一八）。
劉一建、秦天、霍小勇，《中華海權史論》（北京：國防大學出版社，二〇〇〇）。
魯林華編，《清代咸豐同治朝海洋活動編年》（武漢：武漢大學出版社，二〇二〇）。

盧建一，《明清海疆政策與東南海島研究》（福州：福建人民出版社，二〇一一）。
謝茂發，《清代江浙綠營水師研究》（海口：南方出版社，二〇一五）。

Black, Jeremy, *Naval Power: A History of Warfare and the Sea from 1500 onwards* (London: Macmillan, 2009).

Davey, James, Quintin Colville (eds.), *A New Naval History* (Manchester: Manchester University Press, 2008).

Hansen, Valerie, Kenneth Curtis, *Voyages in World History* (Wandsworth Cengage Learning, 2010).

Lambert, Andrew, *Seapower States: Maritime Culture, Continental Empires, and the Conflict that made the Modern World* (New Haven: Yale University Press, 2018).

Po, Ronald C., *The Blue Frontier: Maritime Vision and Power in the Qing Empire* (Cambridge: Cambridge University Press, 2018).

Zhao, Gang, *The Qing Opening to the Ocean: Chinese Maritime Policies, 1684-1757* (Honolulu: University of Hawai'i Press, 2013).

港口城市，海洋貿易與跨界交流

包樂史著，賴鈺匀、彭昉譯，《看得見的城市：全球史視野下的廣州、長崎與巴達維亞》（臺北：蔚藍文化，二〇一五）。
白斌、劉玉婷、劉穎男，《寧波海洋經濟史》（杭州：浙江大學出版社，二〇一八）。
朱德蘭、劉序楓編，《港口城市與貿易網絡》（臺北：中央研究院，二〇一二）。
朱德蘭，《臺灣沖繩交流史論集》（臺北：遠流出版公司，二〇一六）。
羽田正著，林詠純譯，《東印度公司與亞洲的海洋：跨國公司如何創造二百年歐亞整體史》（新北市：八旗文化，二〇一八）。
李伯重，《火槍與帳簿：早期經濟全球化時代的中國與東亞世界》（新北：聯經出版，二〇一九）。
李其霖編，《宮廷與海洋的交匯》（新北：淡江大學出版中心，二〇一七）。
李海英、李翔宇編，《海洋與東亞文化交流》（青島：中國海洋大學出版社，二〇一三）。
李慶新，《海上絲綢之路》（香港：三聯書店有限公司，二〇一七）。
李慶新，《瀕海之地：南海貿易與中外關係史研究》（北京：中華書局，二〇一〇）。

村上衛，《海洋史上的近代中國：福建人的活動與英國、清朝的因應》（北京：社會科學文獻出版社，二〇一六）。
屈廣燕，《文化傳輸與海上交往：元明清時期浙江與朝鮮半島的歷史聯繫》（北京：海洋出版社，二〇一七）。
屈廣燕，《海患、海難與海商：朝鮮文獻中明清浙江涉海活動的整理與研究》（北京：海洋出版社，二〇二〇）。
松浦章，《清代上海沙船航運業史研究》（南京：江蘇人民出版社，二〇一二）。
松浦章，《清代帆船東亞航運與中國海商海盜研究》（上海：上海辭書出版股份有限公司，二〇〇九）。
松浦章，《清代海外貿易史研究》（天津：天津人民出版社，二〇一六）。
故事編輯部，《瞰海：十二種閱讀海洋與世界歷史的方法》（臺北：廣場出版，二〇一七）。
徐曉望，《明清東南海洋經濟史研究》（北京：中國文史出版社，二〇一四）。
徐曉望，《浙江近代海洋史編年》（北京：中國商務出版社，二〇一七）。
馬麗卿、閔澤平編，《海風輕吹：清代華僑與閩粵社會變遷》（南昌：江西高校出版社，二〇一九）。
曹永和，《近世臺灣鹿皮貿易考：青年曹永和的學術啟航》（臺北：遠流出版公司，二〇一一一）。
章文欽，《廣東十三行與早期中西關係》（廣州：廣東經濟文化出版社，二〇〇九）。
許紫芬，《近代中國商人的經營與帳簿：長崎華商經營史的研究》（臺北：遠流出版公司，二〇一五）。
陳峰，《廈門海疆文獻輯註》（廈門：廈門大學出版社，二〇一三）。
福田邦夫，《貿易世界史：大航海時代から「一帯一路」まで》（東京：筑摩書房，二〇二〇）。
彭慕蘭（Kenneth Pomeranz）、史蒂夫．托皮克（Steven Topik）著，黃中憲譯，《貿易打造的世界：社會、文化、世界經濟，從1400年到現在》（臺北：如果出版社，二〇一九）。
黃啟臣，《廣東海上絲綢之路史》（廣州：廣東經濟文化出版社，二〇〇三）。
楊國楨，《中國海洋文明專題研究》（北京：人民出版社，二〇一六）。
廖大珂，《福建海外交通史》（福州：福建教育出版社，二〇〇二）。
劉石吉、王儀君編，《海洋歷史文化與邊界政治》（高雄：國立中山大學出版社，二〇一二）。
劉序楓編，《亞洲海域間的信息傳遞與相互認識》（臺北：中央研究院，二〇一八）。
鄭永常編，《海港．海難．海盜：海洋文化論集》（臺北：里仁書局，二〇一二）。

鄭有國，《中國市舶制度研究》（福州：福建教育出版社，二〇〇四）。
戴寶村，《海洋台灣歷史論集》（臺北：吳三連臺灣史料基金會，二〇一八）。
蘇惠蘋，《眾力向洋：明清月港社會人群與海洋社會》（廈門：廈門大學出版社，二〇一八）。
Andrade, Tonio, Xing Hang (eds.), *Sea Rovers, Silver, and Samurai: Maritime East Asia in Global History, 1550–1700* (Honolulu: University of Hawai'i Press, 2019).
Antony, Robert J., Angela Schottenhammer (eds.), *Beyond the Silk Roads: New Discourses on China's Role in East Asian Maritime History* (Wiesbaden: Harrassowitz Verlag, 2017).
Brook, Timothy, *Great State: China and the World* (London: Profile Books Ltd., 2019).
Gipouloux, François, *The Asian Mediterranean: Port Cities and Trading Networks in China, Japan, and Southeast Asia, 13th-21st Century* (Cheltenham: Edward Elgar, 2011).
Hanser, Jessica, *Mr. Smith Goes to China: Three Scots in the Making of Britain's Global Empire* (New Haven: Yale University Press, 2019).
Hellman, Lisa, *This House is Not a Home: European Everyday Life in Canton and Macao, 1730-1830* (Leiden: Brill, 2018).
Ho, Clara, Ricardo Mak, and Yue-hin Tam (eds.), *Voyages, Migration, and the Maritime World: On*

China's Global Role Historical Role (Oldenbourg: De Gruyter, 2018).

Kauz, Ralph, *Aspects of the Maritime Silk Road: From the Persian Gulf to the East China Seas* (Wiesbaden: Harrassowitz Verlag, 2020).

Li, Guotong, *Migrating Fujianese: Ethnic, Family, and Gender Identities in an Early Modern Maritime World* (Leiden: Brill, 2016).

Matsuda, Matt K., *Pacific Worlds: A History of Seas, Peoples, and Culture* (Cambridge: Cambridge University Press, 2012).

Ng, Chin-keong, *Boundaries and Beyond: China's Maritime Southeast in Late Imperial China* (Singapore: NUS Press, 2016).

Ptak, Roderich, *Die maritime Seidenstrasse: Küstenräume, Seefahrt und Handel in vorkolonial Zeit* (München: Verlag C. H. Beck, 2007).

Schottenhammer, Angela (ed.), *Early Global Interconnectivity across the Indian Ocean World* (Cham: Palgrave Macmillan, 2019).

Schottenhammer, Angela (ed.), *The East Asian Mediterranean: Maritime Crossroads of Culture, Commerce and Human Migration* (Wiesbaden: Harrassowitz Verlag, 2008).

Schottenhammer, Angela (ed.), *Trade and Transfer across the East Asian Mediterranean*

(Wiesbaden: Harrassowitz Verlag, 2005).

Schottenhammer, Angela (ed.), *Trading Networks in Early Modern East Asia* (Wiesbaden: Harrassowitz Verlag, 2010).

Tagliacozzo, Eric, Wen-chin Chang (eds.), *Chinese Circulations: Capital, Commodities, and Networks in Southeast Asia* (Durham and London: Duke University Press, 2011).

Takeshi Hamashita, *China, East Asia, and the Global Economy: Regional and Historical Perspectives* (New York: Routledge, 2008).

van Tilburg, Hans, *Chinese Junks on the Pacific: Views from a Different Deck* (Gainesville: University Press of Florida, 2007).

Wade, Geoff, James K. Chin (eds.), *China and Southeast Asia: Historical Interactions* (New York: Routledge, 2019).

Webster, Anthony, Ulbe Bosma, Jaime de Melo (eds.), *Commodities, Ports and Asian Maritime Trade since 1750* (New York: Palgrave Macmillan, 2015).

Wills, John E. Jr. (ed.), *China and Maritime Europe, 1500-1800: Trade, Settlement, Diplomacy, and Missions* (Cambridge: Cambridge University Press, 2011).

Zheng Yangwen, *China on the Sea: How the Maritime World Shaped Modern China* (Leiden: Brill, 2011).

海洋環境與捕魚史

文金祥，《故宮藏手繪海錯圖》（北京：故宮出版社，二〇一九）。
白斌、張如意，《藍色牧場：話說浙江海洋漁業文化》（杭州：浙江大學出版社，二〇一八）。
白斌，《明清浙江海洋漁業與制度變遷》（北京：海洋出版社，二〇一五）。
吉尾寛編，《海域世界の環境と文化》（東京：汲古書院，二〇一一）。
李玉尚，《海有豐歉：黃渤海的魚類與環境變遷，1368-1958》（上海：上海交通大學出版社，二〇一一）。
松浦章，《近代東亞海域交流：航運・臺灣・漁業》（臺北：博揚文化，二〇一六）。
張辰亮，《海錯圖筆記》（北京：中信出版集團股份有限公司，二〇一七）。
楊國楨，《東溟水土：東南中國的海洋環境與經濟開發》（南昌：江西高校出版社，二〇〇三）。
穆盛博（Micah S.Muscolino）著，胡文亮譯，《近代中國的漁業戰爭和環境變化》（南京：江蘇人民出版社，二〇一五）。

Bolster, Jeffrey, *The Mortal Sea: Fishing the Atlantic in the Age of Sail* (Cambridge, Mass.: Havard University Press, 2012).

Fagan, Brian, *Fishing: How the Sea Fed Civilization* (New Haven: Yale University Press, 2017).

Mladenov, Philip V., *Marine Biology: A Very Short Introduction* (Oxford: Oxford University Press, 2013).

海洋物質文化史[2]

邱仲麟，〈冰窖、冰船與冰鮮：明代以降江浙的冰鮮漁業與海鮮消費〉，《中國飲食文化》，一卷二期（二〇〇五年），頁三一—九五。

郭忠豪，〈技術、品味與土魠魚：大高雄土魠魚的歷史變遷與品饌文化〉，《高雄文獻》，卷四（二〇一四年），頁二八—五四。

郭忠豪，〈閒情的吃，雅致的嘗——明清江南的介類水產與飲食生活〉，《中國飲食文化》，第二期，卷二（二〇〇六年），頁三九—八六。

郭忠豪，〈權力的滋味——明清時期的鰣魚、鰣貢及賞賜文化〉，《九州學林》，第三十三期

（二〇一四年），頁二九—五四。
鄭維中，〈烏魚、土魠、虱目魚：多元脈絡下荷治至清領初期臺灣三種特色海產的確立〉，《臺灣史研究》，第二十五卷，第二期（二〇一八年），頁一—六〇。
Abberley, Will (ed.), *Underwater Worlds: Submerged Visions in Science and Culture* (Cambridge: Cambridge Scholars Publishing, 2019).
Adolf, Steven, *Tuna Wars: Powers around the Fish we Love to Conserve* (Cham: Springer, 2019).
Colby, Jason Michael, *Orca: How We Came to Know and Love the Ocean's Greatest Predator* (Oxford: Oxford University Press, 2018).
Kurlansky, Mark, *Salmon: A Fish, the Earth, and the History of a Common Fate* (New York: Simon and Schuster, 2020).
O'Connor, Kaori, *Seaweed: A Global History* (London: Reaktion Books, 2017).
Ptak, Roderich, *Marine Animals in Traditional China: Studies in Cultural History* (Wiesbaden: Harrassowitz Verlag, 2010).
Shick, J. Malcolm, *Where Corals Lie: A Natural and Cultural History* (London: Reaktion Books,

2 由於這部分的中文專著相對其他類別較少，遂特意選輯一些具代表性的文章，以供讀者參考。

2018).

Townsend, Elisabeth, *Lobster: A Global History* (London: Reaktion Books, 2012).

明清時期的海洋詩文[3]

吳毓琪，〈康熙時期臺灣宦遊詩人對海洋空間的體驗、感知與審美〉，《多重視野的人文海洋：海洋文化學術研討會論文集》（高雄：國立中山大學文學院，二〇一〇），頁七七—一〇二。

張高評，〈海洋詩賦與海洋性格：明末清初之臺灣文學〉，《臺灣學研究》，第五期，卷六（二〇〇八年），頁一—一五。

陳思穎，〈來自大海的呼喚：論清初巡臺御史錢琦詩作中的海洋書寫〉，《國文學報》，第六期（二〇〇七年），頁二一一—二四二。

陳啟佑，〈臺灣海洋詩初探〉，《海洋與文藝國際會議論文集》（高雄：國立中山大學文學院，一九九九）。

廖肇亨，〈千里鏡、鹿毛筆、寄生螺：清初琉球冊封使徐葆光的航海經驗與異國見聞〉，《政大中文學報》，第二十四期（二〇一六年），頁六五—八八。
廖肇亨，〈長島怪沫、忠義淵藪、碧水長流：明清海洋詩學中的世界秩序〉。《中央研究院中國文哲研究集刊》。第三十二期（二〇〇八年），頁四一—七一。
廖肇亨，〈浪裏挑燈看劍：中國海戰詩學之書寫特質與價值信念初探〉，《中國文學研究》，第十一輯（二〇〇八年），頁二八五—三一四。
廖肇亨，〈清代中葉古典海洋詩歌蠡探：以嘉慶五年琉球冊封使趙文楷、李鼎元的海洋體驗為中心的考察〉，《海洋文化學刊》，第八期（二〇一〇年），頁三一—六三。

黃渤海海洋史

王賽時，《山東沿海開發史》（濟南：齊魯書社，二〇〇五）。
孫中之，《黃渤海區漁具通論》（北京：海洋出版社，二〇一四）。
張素萍，《黃渤海軟體動物圖志》（北京：科學出版社，二〇一六）。

3 由於這部分的論文比較有代表性，所以只好揀選其中八篇，以茲大家參考。

張彩霞，《海上山東：山東沿海地區的早期現代化進程》（南昌：江西高校出版社，二〇〇四）。
陳克林編，《黃渤海濕地與遷徙水鳥研究》（北京：中國林業出版社，二〇〇六）。
楊強，《北洋之利：古代渤黃海區域的海洋經濟》（南昌：江西高校出版社，二〇〇五）。
劉靜、陳詠霞、馬琳編，《黃渤海魚類圖志》（北京：科學出版社，二〇一五）。

歷史與現場 302

海不揚波：清代中國與亞洲海洋

作　者—布琮任
校　對—蘇暉筠
主　編—王育涵
資深編輯—張擎
責任企畫—林進韋
封面設計—陳文德
內文排版—極翔企業有限公司

總 編 輯—胡金倫
董 事 長—趙政岷
出 版 者—時報文化出版企業股份有限公司
一〇八〇一九台北市萬華區和平西路三段二四〇號七樓
發行專線—（〇二）二三〇六六八四二
讀者服務專線—〇八〇〇二三一七〇五・（〇二）二三〇四七一〇三
讀者服務傳真—（〇二）二三〇二七八四四
郵撥—一九三四四七二四時報文化出版公司
信箱—一〇八九九臺北華江橋郵政第九十九信箱
時報悅讀網—www.readingtimes.com.tw
人文科學線臉書—http://www.facebook.com/jinbunkagaku
法律顧問—理律法律事務所　陳長文律師、李念祖律師
印　刷—紘億印刷有限公司
初版一刷—二〇二一年八月六日
定　價—新台幣四〇〇元

時報文化出版公司成立於一九七五年，並於一九九九年股票上櫃公開發行，
於二〇〇八年脫離中時集團非屬旺中，
以「尊重智慧與創意的文化事業」為信念。

海不揚波：清代中國與亞洲海洋/布琮任著. -- 初版. -- 臺北市：時報文化出版企業股份有限公司, 2021.08
面；　公分. --（歷史與現場；302）
ISBN 978-957-13-9100-7（平裝）

1.清史　2.海洋

627　　110008805

ISBN 978-957-13-9100-7
Printed in Taiwan